U0740812

图解 青少年足球训练与游戏

视频学习版

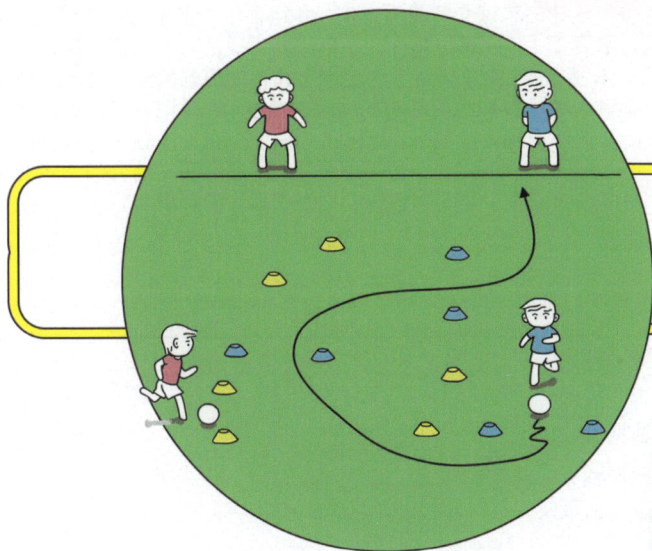

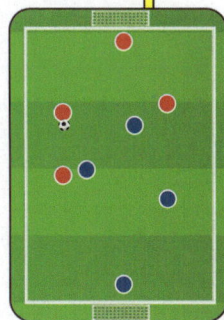

张挺 编著 张拔 绘

人民邮电出版社

北京

图书在版编目（ＣＩＰ）数据

图解青少年足球训练与游戏：视频学习版 / 张挺编
著；张拔绘. -- 北京：人民邮电出版社，2023.9
ISBN 978-7-115-60537-5

Ⅰ．①图… Ⅱ．①张… ②张… Ⅲ．①青少年－足球
运动－运动训练－图解 Ⅳ．①G843.2-64

中国版本图书馆CIP数据核字(2022)第229745号

免责声明

  作者和出版商都已尽可能确保本书技术上的准确性以及合理性，并特别声明，不会承担由于
使用本出版物中的材料而遭受的任何损伤所直接或间接产生的与个人或团体相关的一切责任、损
失或风险。

内 容 提 要

  本书借鉴国内外先进的青少年足球训练理念和优秀案例，并结合作者多年的执教经验，从足
球游戏、基础训练、基本技术、情景1v1、控球与配合、小型比赛、战术与体系7方面入手，提
供了200余项针对性训练方法。本书第1～4章采用了详细文字结合简笔画的形式讲解，便于读
者理解训练人数较少、更侧重强调人物动作和练习细节的训练；第5～7章则采用详细文字结合
战术示意图的形式讲解，便于读者理解训练人数较多、更侧重强调发生在足球场指定位置以及需
要了解所有参与人员的移动与分工的训练。书中介绍的训练方法，均通过图文结合的形式展开讲
解，清晰易懂，方便学习。本书可以帮助青少年足球教练、中小学体育老师等丰富教学方法，提
升教学水平。

◆ 编　著　张　挺
  绘　　　张　拔
  责任编辑　林振英
  责任印制　马振武
◆ 人民邮电出版社出版发行　北京市丰台区成寿寺路11号
  邮编　100164　电子邮件　315@ptpress.com.cn
  网址　https://www.ptpress.com.cn
  涿州市般润文化传播有限公司印刷
◆ 开本：700×1000　1/16
  印张：15.25　　　　　　2023 年 9 月第 1 版
  字数：208 千字　　　　　2023 年 9 月河北第 1 次印刷

定价：59.80 元

读者服务热线：(010)81055296　印装质量热线：(010)81055316
反盗版热线：(010)81055315
广告经营许可证：京东市监广登字 20170147 号

目 录

第 1 章　足球游戏

第 2 章　基础训练

第 5 章　控球与配合

第 6 章　小型比赛

第 7 章　战术与体系

前言

在青少年足球训练中可能会出现一些不符合教练主观意愿的现象，其出现并不是球员的错，根源在于教练制订的教案不合理。比赛中的"扎堆""过度盘带""缺少交流""没有自主思考能力和创造力"等问题如何解决？为什么会出现这些问题？今天的训练课有没有达到理想效果？为什么新教案的实施效果不好？是否要增加或者改变规则来完善训练？

我们从规则、目的和环境三个方面出发分析训练，可以解决这些问题。

将训练科学分类的益处

- 便于整理资料
- 利于科学规划训练内容
- 了解自身不足
- 加深对训练及足球比赛的理解
- 增强教练的教案研发能力

训练与比赛的关系

对成人球队的主教练来讲，训练的目的就是解决比赛问题。而青少年球队的主教练不仅要解决比赛问题，还要培养球员的兴趣、加强球队纪律、增强球员个人能力。因训练目的的多元化，教练还须考虑青少年身心发展特点。

训练与比赛的关系如下。一方面，比赛是训练效果的体现。有些教练安排的训练不要求交流能力和决策能力，其却在比赛时抱怨球员之间没有交流、球员没有自己的想法。还有些教练的战术允许后卫在进攻时刻前插，训练中却没有任何体现，因此比赛中其他球员没有在后卫前插时移动位置，丢球后，教练只能更换后卫或者强制要求球员不要前插。出现这些问题都是因为教练对训练的认知不足，教练应该做的是调整训练内容，而不是光靠语言来解决问题。另一方面，训练的内容应针对比赛中出现的问题来安排与调整。不管是哪种类型的训练，都能在比赛当中找到影子。教练应从比赛中观察问题，根据问题的来源和问题出现的具体情况调整训练内容。

开启训练的科学分析——"情景足球"训练理论

情景足球训练理论认为足球比赛由多个情景组成。

情景足球训练包括三个要素：目的、规则和环境。教练须分析和研究训练中不同目的、不同规则和不同环境带来的不同的训练效果。

情景足球训练中的目的分为两种：球员目的和教练目的。球员目的一般与球员的得分方式相关。例如，进攻球员是踩线得分还是射门得分，防守球员是单纯地破坏球还是需要转换为进攻并争取得分。在情景足球训练理论中，教练可以通过改变球员目的来改变训练的重心，提升球员相对应的技术水平和能力。教练目的指教练通过训练想要达到的训练效果，例如提升团队控球能力。简单来说，教练目的就是训练重点，即教练想让球员学到什么。理解训练中的球员目的和教练目的不仅有助于教练提升讲解训练的水平，还能使教练更深入地了解足球比赛，从而使训练更加科学。

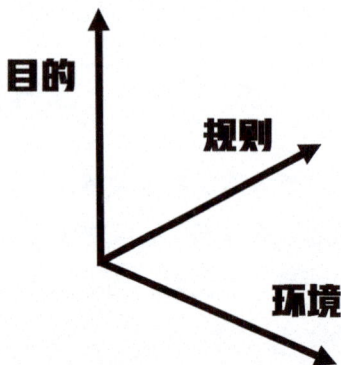

情景足球训练由目的、规则、环境三个要素组成

训练中的规则和环境共同制约球员的行为，使训练按照理想的方式进行。教练设定和调整规则与环境，使球员不得不做出教练想要球员所做的技术动作，这是情景足球训练的关键。例如标志杆的使用：在第 6 章中的"特定场地的比赛 3"中，标志杆的摆放就非

常巧妙，它在不增加对抗人数的条件下增加了训练的对抗强度，球员不得不在带球、传球、射门路线上避开这些标志杆。教练在一些对抗训练中利用假人墙也可以实现类似的效果。再例如反向球门、触球次数限制等，这些规则和环境的设置均截取并改编自比赛中的部分片段，教练可以对这些规则和环境进行调整以达到教练目的。

在线动画视频观看说明

本书提供了部分训练的动画演示视频，您可通过微信"扫一扫"，扫描书中的二维码进行观看。

步骤 1 打开微信"扫一扫"（图 1）。

步骤 2 扫描训练讲解页面上的二维码，扫描后可直接进入视频观看页面（图 2），点击开始按钮即可观看。

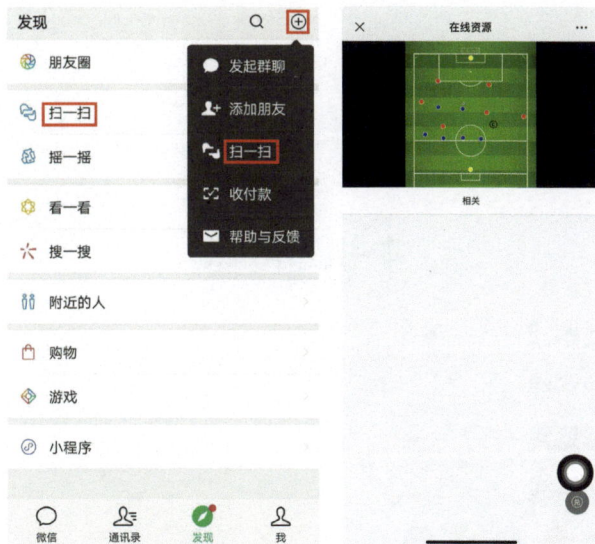

图 1

图 2

致谢

借此特别感谢赵飞、李建、张亚、伍泽寰、陈谭达、朱柏琪、杨洋、肖昌泽、奥斯卡·门德斯、洪榕飞、王旭东、魏智聪、陈春山、樊英等在本书出版过程中，对我的帮助和支持。

本书图示说明

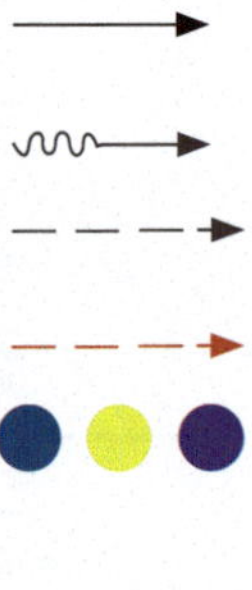

无球跑动 ———→

带球路线 ∿∿→

传球路线 — — →

射门路线 — — →

球员 ● ● ● ●

教练 Ⓒ

第 1 章　足球游戏

信息型游戏
- 教练指令型游戏
- 其他信息型游戏

竞技型游戏
- 个人竞技型游戏
- 团队竞技型游戏

对抗型游戏
- 无球对抗型游戏
- 无球到有球对抗型游戏
- 有球对抗型游戏

- 关于足球游戏
- 足球游戏类训练的优点
- 足球游戏的讲解技巧
- 足球游戏类训练分类依据
- 足球游戏分类表
- 幼儿足球游戏训练须知

- 球员目的分析——给予三种压力（指令、竞技、对抗）
- 青少年心理之"获胜者效应"
- 训练规则分析——防守弱化和进攻弱化
- 六种训练模式之一——情景游戏式训练

关于足球游戏

足球游戏是青少年足球训练的重要组成部分，是青少年足球训练的基石和阶梯。足球游戏不仅能增强球员的兴趣、反应能力、思维能力，也能增强球员个人技术能力和交流能力。教练对足球游戏的理解客观上反映了教练对青少年心理和青少年足球训练的认知程度。

与米歇尔斯的小型比赛式训练一样，针对足球游戏的要求不应过多，甚至不应有技术、意识上的要求。教练通过强调球员目的、游戏规则和环境构成，在合适的时机做出引导球员的示范性动作，鼓励那些勇于尝试新的、更好的解决方法的球员，以此提供有引导的、允许自由发挥的、探索发现式的自然训练环境，从而提升球员的自我思考能力和自我驱动力。

足球游戏类训练的优点

- 增强球员对足球运动的兴趣
- 相比于比赛，游戏训练更加简单，更有针对性；相比于基础训练，球员有自主发挥和自主思考的空间
- 可作为正式训练的热身内容

足球游戏的讲解技巧

- 开始阶段介绍游戏的环境构成和球员目的，当绝大部分球员了解游戏流程后，增加 1~2 条游戏规则
- 生动地描述场景

足球游戏类训练分类依据

💧　按压力来源游戏类型可分为信息型、竞技型和对抗型

💧　按年龄段具备的能力（理解力、接受力、注意力以及技术能力等）
进行纵向划分

足球游戏分类表

游戏类型 / 年龄段	信息型		竞技型		对抗型		
	教练指令	其他信息	个人竞技	团队竞技	无球对抗	无球对抗到有球对抗	有球对抗
5~6 岁							
7~8 岁							
9 岁及以上							

幼儿足球游戏训练须知

💧　注意球员的理解能力和注意力（事实上即使给成人球队讲解训练内容，也应简短，且循序渐进）

💧　通过生动的环境描述吸引球员注意力

💧　顾及大多数而非全部球员

💧　多进行有球游戏，以提高球员的触球率

💧　进行游戏时不要做技术指导，可以以提问、鼓励优秀球员的方式引导球员

💧　引导球员专注于提升比赛能力，而非游戏本身

1.1 信息型游戏

💧 按信息来源分为教练指令型游戏和其他信息型游戏

💧 在教练指令型游戏中，球员的行为和动作是对教练不同指令的反应，教练的指令包含教练的哨音、语言、手中标志物及位置等信息

💧 在其他信息型游戏中，球员主要通过观察其他球员、地面标志物、球等不出自教练的信息来做出反应

💧 游戏内容简单，是常见的针对初学者的训练内容

💧 能够提升球员反应能力和注意力

1.1.1 教练指令型游戏

教练指令型 1："上"和"下"

训练类别： 情景游戏式训练

准备情景： 球员每人一球，在场地内自由带球

教练指令： 教练发出以下指令，球员做出相应动作

- "上"——球员双臂向上张开，双脚跳起，并发出声音

- "下"——球员蹲下，并发出声音

变化与延伸： 教练发出指令，球员做出与指令相反的动作

教练指令型 2：身体部位

　　训练类别： 情景游戏式训练

　　准备情景： 球员每人一球，在场地内自由带球

　　教练指令： 教练喊出身体部位，球员将球停下来并用该部位触球

　　变化与延伸： 教练发出较为复杂的指令，例如"手、头和膝盖"等

教练指令型 3：灾害来袭、动物带球及哨音带球

　　训练类别： 情景游戏式训练

　　准备情景： 球员每人一球，在场地内自由运球

　　① 自然灾害

　　教练指令： 教练发出指令，球员做出相应动作

　　　　● "台风来啦"——球员坐在球上

- "洪水来啦"——球员将球放至身前，双脚并拢，身体俯卧，双手放在球上做支撑动作
- "地震来啦"——球员将球举过头顶，蹲在地上
- "火灾来啦"——球员持球捂住口鼻（示意）并跑出场地

② 动物带球 1

教练指令： 教练喊出指令，球员做出相应动作

- "小狗带球"——球员四肢着地，用手带球
- "大象带球"——球员四肢着地，用鼻子带球
- "犀牛带球"——球员四肢着地，用额头带球

③ 动物带球 2

教练指令： 教练喊出动物名，球员模仿该动物行动的速度带球

④ 哨声带球

教练指令： 教练用哨声代表指令，球员做出相应动作

- 一声长哨——开始自由运球
- 一声短哨——停下并用脚踩住球

● 一长一短——交换球后继续带球

● 一短一长——带球至队友前踩住球后击掌，然后继续带球

● 两短一长——带球至教练处集合

1.1.2　其他信息型游戏

其他信息型游戏 1：物品交换

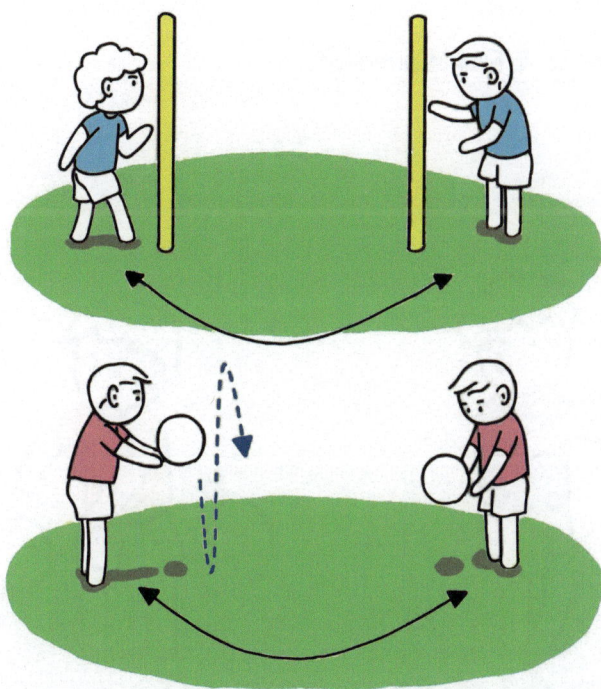

训练类别： 情景游戏式训练

组织方法： 球员两人一组，开展下列活动

● 两人相距 2~3m，分别用手扶住一个标志杆，同时松开标志杆并跑向另一个标志杆，在对方的标志杆倒下前扶住标志杆

● 两人相距 2~4m，分别用双手抓住一个球，同时砸向地面，

在球第二次触地前用双手抓住对方的球

- 两人相距3~6m，每人手握一个网球（也可以是乒乓球），在背后交换握球手后，同时单手将球抛向对方并接住对方抛出的球

变化与延伸： ①第二项活动中，两名球员同时将球抛向空中，在球落地前双手抓住对方的球；②活动前进行身体素质训练或者基础训练

训练要点： ①为对方考虑；②控制抛（砸）球的高度和速度；③不能用身体其他部位触球

其他信息型游戏 2：高空球性球感基础

训练类别： 情景游戏式训练

组织方法： 球员每人一球，开展下列活动

- 双手将球抛向空中过头顶，用双手接住
- 双手将球抛向空中过头顶，接住前击掌 1 次
- 双手将球抛向空中过头顶，接住前击掌数次
- 双手将球抛向空中过头顶，接住前做提膝跳 1 次
- 用力将球砸向地面，原地转身一周后，双手接住球

其他信息型游戏 3：影子足球

训练类别： 情景游戏式训练

组织方法： 球员两人一组，一人为领导者，另一人为跟随者；领导者在场地内尝试做各种特殊动作（如跳跃、翻滚等）；跟随者尝试追上领导者，但在追领导者之前必须模仿领导者做过的特殊动作；当跟随者追上领导者时互换角色；特殊动作持续时间不能超过 5 秒

变化与延伸： ①领导者和跟随者均有球，领导者做各种过人或控球动作；②2 分钟后游戏结束，领导者获胜

球员目的分析——给予三种压力（指令、竞技和对抗）

在不同的训练中，教练设定不同的球员目的，使球员面临不同种类的压力，而在不同种类的压力下，球员的肌肉紧张程度、神经兴奋水平、身体激素分泌水平等完全不同，从而产生训练效果的差异。例如，有些球员能够在过人路线式训练中熟练地使用各种过人技术，却在比赛当中出现动作变形甚至完全使用不出技术的情况；相反，有些球员在比赛中能够很好地接住高空球却在平常的训练中接高空球屡屡失败。如果不分析其原因，训练效果将很难使人满意。

一般来说，球员压力的来源有三种：指令、竞技和对抗。

重复动作式训练、一般的路线式训练、无对抗的情景模拟式训练中，以及情景游戏式训练里的信息型游戏中，球员目的直接或者间接来源于教练指令，而球员的压力更多地来源于教练的要求、想争取教练的肯定和赞许以及自发地与其他球员比较。这种形式的压力最小，压力的大小与教练语言息息相关。

情景游戏式训练中的竞技型游戏以及一些可以分组进行的、添加了竞技元素的路线式训练中，球员目的建立在竞技对象的基础上，球员压力来源于竞技对象和争取比赛胜利的欲望。这种压力的大小介于来源于指令的压力和来源于对抗的压力，球员须尽快地完成技术动作，但没有被抢断后丢球的风险。

而在所有有对抗的训练中，球员在完成球员目的的同时，要面临防守球员的抢断。与之对抗的对手给予的压力，相对前两种压力要大得多，但教练也可以从对抗强度入手来改变压力大小，如改变场地大小、减少参与对抗的人数和弱化进攻或防守球员等。

　　压力的不同使球员使用技战术时的情景不同，从而影响训练的难易程度。教练应该观察球员表现，再根据球员技战术能力制定不同压力的训练，使球员从易到难、阶梯式地掌握技战术。另外，这三种压力也可以组合使用。例如，有些"1v1"（一对一）或者抢圈训练可分组进行，在有对抗的条件下增加团队竞技元素，通过两种压力的叠加所产生的效果来增加训练强度。

1.2　竞技型游戏

- ♦ 按竞赛主体分为个人竞技型游戏和团队竞技型游戏
- ♦ 游戏内容相对简单，适用年龄范围较广，是初学者常见的训练内容
- ♦ 能够提升球员反应力、观察力、比赛欲望以及团队协作能力等
- ♦ 适合人数较多的球队

1.2.1　个人竞技型游戏

个人竞技型游戏 1：身体与球

　　训练类别： 情景游戏式训练

　　竞技对象： 2 名球员

　　游戏准备： 面向对手站立，双脚分开与肩同宽，双手放在膝盖上，球置于两名球员中间，两名球员均盯着球

　　得分方法： 教练喊出身体部位时，球员快速做出反应，用手按住或者抓住该部位；教练喊抢球时，球员快速将球抢入怀中。先将球抢入怀中的球员获胜

变化与延伸： ①交换对手；②教练喊抢球时，球员用脚拉球转身

个人竞技型游戏 2：战斗机大战怪兽

训练类别： 情景游戏式训练

竞技对象： 所有球员

游戏准备： 球员带球与教练在规定场地内自由跑动

得分方法： 球员尝试用球击中教练，击中者得 1 分，90 秒后计算分数，得分最高者获胜

变化与延伸： ①将教练换成 1~3 个目标球员，带球球员击中目标球员

得分；②目标球员带球，带球球员击中目标球员的球得分

个人竞技型游戏 3：双人传球比赛

训练类别： 情景游戏式训练

竞技对象： 2 名球员

游戏准备： 2 个标志桶距离 2m，形成一个球门，球员距球门 4m 相对站立

得分方法： 球员通过球门传球给对手，有 2 脚触球限制，边传球边后退；若对手传球碰到桶或者传出球门外则己方得 1 分

训练时间： 训练总时长不超过 10 分钟

训练要点： ①后退时身体转动一定角度；②第一脚触球后为下一个动作做准备；③测试传球能力

1.2.2　团队竞技型游戏

团队竞技型游戏 1：海贼王

训练类别： 情景游戏式训练

比赛场地： 场地一侧摆放一定数量的标志盘，另一侧平行摆放 3~5 个标志桶

竞技对象： 球员分为 3~5 队，排队站在标志桶后，第一名球员有球

得分方法： 每队派 1 名球员带球出发，将标志盘带回本方区域，然后下一名球员出发。每名球员一次只能拿一个标志盘，获得标志盘最多的队伍获胜

团队竞技型游戏 2：抢西瓜

训练类别： 情景游戏式训练

比赛场地： 在场地内设置 5 个矩形区域，4 个分别在场地角落，1 个在场地中央，将所有球放在场地中央

竞技对象： 球员分为 4 队，分别站在场地角落的矩形区域内

得分方法： 每队派 1 名球员出发将球抱回本方区域，然后下一名球员出发。中央区域无球时，游戏结束，各自区域内球最多的球队获胜

变化与延伸： ①球员带球；②中央区域无球时，在 60 秒内去抢其他区域的球，球员不能在己方区域保护球，也不能抢断球

团队竞技型游戏 3：穿越小门

训练类别： 情景游戏式训练

比赛场地： 场地内摆放 2 种不同颜色的球门，每种颜色的球门各 3 个

竞技对象： 球员分为 2 组，对应 2 种颜色的球门，每组 1 个球

得分方法： 每组派 1 名球员进入场地内用脚将球带过 3 个球门后返回，下一名球员接力，率先完成的小组获胜

训练时间： 训练总时长不超过 10 分钟

变化与延伸： 每组派 2 名球员手牵手，只能交替触球来使球运动

训练要点： ①高频碎步；②交流；③快速通过球门

团队竞技型游戏 4：足式网球

训练类别： 情景游戏式训练

比赛场地： 4m×8m，用网球网或者标志杆加标志桶将场地分为大小相等的两个矩形

竞技对象： 2v2 或者 3v3

游戏规则： 球员发球时允许弹球 1 次过网，将球传到对面区域前，球最多允许从地面反弹 2 次；除手外身体各个部位都可以触球；其他规则与网球、乒乓球规则基本相同

变化与延伸： ①球最多允许从地面反弹 1 次；②缩小场地，增加网的高度，头球接力，不允许球接触地面

训练要点： ①球员与球的运动轨迹保持一致；②触球时放松身体；③支援角度；④交流

青少年心理之"获胜者效应"

如果若干支球队按照常规的赛程完成比赛，到最后只有一支球队获得冠军。而冠军给学生和球队所带来的，不仅有表面的成绩，还有

自信心，这便是获胜者效应。

　　获胜者效应就像一把双刃剑。在排名下，一个获胜者诞生的同时，剩下的参与者全部成了"失败者"。不管教练如何开导，也改变不了明面上他们不如获胜者的事实，即便这只是暂时的。长此以往，球员的自信心会极大地受损。

　　如何合理地运用获胜者效应，是所有从事青少年教育的教育者需要研究的。那么，如何最大限度地发挥获胜者效应的优势而避开其劣势呢？

　　在一次比赛中，我们把获胜者作为分子，总体人数作为分母，那么我们就可以从两个方面来避免负面效果的产生。首先，我们可以放大分子。例如，"抓尾巴"游戏中，教练不是单纯鼓励和赞扬抢到最多标志服的球员，而是与所有抢到 2 件或 2 件以上标志服的球员击掌并对其进行口头赞扬。这样一来，将有更多的球员会把自己也当作获胜者，尽管教练没有在游戏中强调谁才是获胜者和失败者。这也是在低年龄、低水平阶段教学中，多进行没有明确获胜者的、可以对受鼓励和赞赏的人数进行调控的教练指令型和对抗型游戏的原因之一。其次，我们可以缩小分母。在不影响趣味性的前提下我们可以尽可能地减少参与比赛或者游戏的人数，这会增加获胜的概率，而这也是小型比赛适合低年龄段球员的原因之一。

　　获胜者效应是球员设定短期目的的动力，是提高球员注意力和学习效率的重要方法。除了常见的改变获胜者效应中的分子和分母外，增加游戏或比赛次数（增加球员获得"获胜者"的概率），改变教练鼓励方法和对象（未完成但已竭尽所能的球员）等，都是减少获胜者效应负面影响、维护球员自信心的方法。

1.3 对抗型游戏

💧 按有无球分为无球对抗型游戏、无球到有球对抗型游戏和有球对抗型游戏

💧 从无球对抗型游戏到有球对抗型游戏，难度逐渐增加

💧 能够提升球员观察力、身体素质、个人技术以及团队协作能力

💧 趣味性强，适用年龄范围广

💧 接近实战

1.3.1 无球对抗型游戏

无球对抗型游戏 1：抓尾巴

训练类别： 情景游戏式训练

游戏准备： 每名球员后背裤子的松紧带处夹着一件标志服（"尾巴"）

游戏规则： 不能抢夺其他球员手中的标志服，也不能离开游戏场地

获胜方法： 每名球员抓其他球员的标志服；当所有球员的"尾巴"都被抓走时，游戏结束，手中标志服最多的球员获胜

变化与延伸： 每人 2 件标志服，分别夹在髋部的松紧带处

训练要点： ①观察；②假动作；③利用身体

无球对抗型游戏 2：互拍膝盖

训练类别： 情景游戏式训练

游戏准备： 2 名球员一组

游戏规则： 用手拍中对手膝盖得分；不能用手挡住对手的手，但是可以闪躲；出手时动作必须连贯

获胜方法： 规定时间内击中对手膝盖次数最多的球员获胜

训练要点： ①决策；②身体向前倾，膝盖弯曲，双手张开；③掩饰自己的意图，观察对手的意图

无球对抗型游戏 3：交替抓"鬼"

训练类别： 情景游戏式训练

游戏准备： 边长为 2~4m 的正方形区域，区域的 4 个角落各有 1 个标志桶，5 名球员为 1 组，其中 4 名球员（"人"）分别按住 1 个标志桶准备，1 名球员（"鬼"）在场地中央准备

获胜方法： 教练发出开始的指令后，"鬼"抓到"人"得分，但"鬼"

不能抓按住标志桶的"人"；"人"每两两交换位置得 1 分，得 5 分后"鬼"留在场上，重新开始游戏；如果"鬼"抓到"人"，双方交换角色

训练要点： ①决策；②配合和交流；③隐藏意图

1.3.2　无球到有球对抗型游戏

无球到有球对抗型游戏 1：线条抓"鬼"

训练类别： 情景游戏式训练

游戏准备： 2m×3m 矩形区域，场地中央沿长边摆放一排标志桶；2 名球员分为进攻和防守队员，分别站在标志桶两边

获胜方法： 60 秒内进攻球员抓住防守球员获胜，否则防守球员获胜；不能出界，也不能碰到或者跨过标志桶，否则对手获胜

变化与延伸： 每人一球，球出界或者碰到标志桶算对手得分，抓住人时球必须在控制范围内

训练要点：①观察；②掩饰意图，假动作；③诱导对手犯错

无球到有球对抗型游戏 2：贪吃蛇

训练类别：情景游戏式训练、情景模拟式训练

游戏内容：根据人数调整场地大小；1 名球员无球（无球球员为"蛇"），其他球员有球并在场地内自由运球；无球球员将有球球员的球踢出场外后，与之手牵手后继续踢其他球员的球

游戏规则：无球球员之间必须手拉手，否则不能踢有球球员的球，若有球球员将球带出界或者用手碰球，有球队员将成为"蛇"

获胜方法：最后一名到两名有球球员获胜，并成为下一轮游戏的"蛇"

变化与延伸：无球球员的数量达到 4 名或者 6 名时，"蛇"分为两条（人数相等）

训练要点：①球员控制球的能力；②抬头观察

无球到有球对抗型游戏 3：渔网捕鱼

训练类别：情景游戏式训练、情景模拟式训练

游戏准备：场地分为 3 个区域，开始时中间区域 1 名球员作"网"，其他球员集中在一侧区域作"鱼"

游戏规则：教练发出指令后，"鱼"从一侧区域前往另一侧区域；"鱼"被"网"抓住时，下一轮游戏中作"网"；所有"鱼"离开原区域时，下一轮游戏开始

获胜方法：最后生存下来的一名到三名球员获胜，并作下一轮游戏中的"网"

变化与延伸："鱼"带球，"网"将其球踢出界视为抓住"鱼"

训练要点：①观察；②假动作与掩饰意图；③加速摆脱；④利用速度差

训练规则分析——防守弱化和进攻弱化

在针对青少年的训练当中，为了使球员能够在阶梯式教学下逐步掌握进攻与防守的技术和意识，教练须改变规则来限制防守或者进攻，即防守弱化或者进攻弱化。

教练应注意球员的学习和理解能力

在足球游戏和技术实战模拟训练中，通过限制区域或者限制线指定防守球员的活动范围，通过单脚跳、膝盖着地的方式限制防守球员的抢断能力，又或者通过防守球员不能抢球的指令只让其给予进攻球员形式上的压力，这些都是防守弱化的体现。同样地，在讲解防守技术的练习中，常常可以通过减少进攻球员甚至指定其动作来弱化进攻方。

进攻弱化和防守弱化使技战术在接近比赛的模拟训练中的优势得以形成，原理得以展现，这便于教练讲解其中的要领，也使球员拥有自主思考技战术应用的空间，帮助他们形成举一反三的应变思维。

1.3.3 有球对抗型游戏

有球对抗型游戏 1："生化危机"

训练类别： 情景游戏式训练、情景模拟式训练

23

场地大小： 根据球员人数规定场地大小

游戏准备： 1 名球员无球作"怪物"，"人"有球并在场地内自由运球

游戏规则： ①"怪物"必须面朝上，四肢着地，不能翻滚；②"怪物"只能用脚将球踢出界；③球出界后，"人"成为"怪物"，所有"人"都变成"怪物"后，游戏结束

获胜方法： 最后幸存的 1~3 名"人"获胜

训练要点： ①观察；②交流；③协防；④挑球过人；⑤空间意识

有球对抗型游戏 2：冰冻人

训练类别： 情景游戏式训练、情景模拟式训练

场地大小： 根据球员人数规定场地大小

游戏准备： 1~3 名无球球员作"冰冻人"，其他球员有球并在场地内自

由运球

游戏规则："冰冻人"将有球球员的球踢出界后，球员将球带回场地，双脚张开并将球举过头顶，举过头顶后不能移动；有球球员可以带球穿过被冰冻球员的裆下，使其"解冻"

获胜方法：90 秒后场地内存在自由运球球员，非"冰冻人"获胜；反之，90 秒后场地内没有有球球员，"冰冻人"获胜

训练要点：①选择合理站位；②交流

有球对抗型游戏 3：橄榄式足球

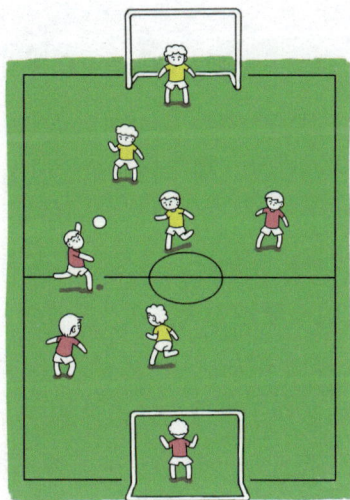

训练类别：情景游戏式训练、情景模拟式训练

场地大小：5 人制场地

游戏规则：球员只能用手传球及射门，持球球员必须在 3 秒内将球传出或者射门；不能在持球时抢球；其他规则与 5 人制足球比赛相同

获胜方法：用手将球扔进对方球门得分

变化与延伸：只能利用头球射门

训练要点：①交流；②接应；③传球跑动

有球对抗型游戏 4：冰岛速递

训练类别： 情景游戏式训练、情景模拟式训练

游戏准备： 在矩形场地上的四个角落分别用标志物框出一个小矩形区域（小岛）；1 名无球球员作"海盗"，其他球员各有一球作"快递员"；每轮游戏开始前，"海盗"位于场地中央，而"快递员"则在"小岛"等待

游戏规则： 每轮游戏开始后，"快递员"必须在限定时间内且没有被"海盗"将球踢出界的条件下带球前往另外的"小岛"；每一轮游戏中没有完成任务的"快递员"将在下一轮游戏中成为"海盗"；所有"快递员"成为"海盗"之后，游戏结束

训练要点： ①抬头观察；②控制住球；③选择时机

六种训练模式之一——情景游戏式训练

教学方法中，情景可按照其是否与教学内容相关分为两种。例如数学加法的运用：老师给学生一个苹果后，再给一个苹果，学生共有几个苹果？我们都知道 1+1=2，（1+1）+（1+1）=？ 老师给学生苹果

这个情景与教学内容无关，而带给解题者的情景是从整个加法法则运用中来，又回到加法法则运用中去的。

　　同样地，足球训练中的情景亦能分为两种：游戏情景和比赛情景。例如，渔网捕鱼游戏中，教练用语言描绘河流、渔网、小鱼，使球员发挥想象力构建出一个自身扮演的小鱼想要在河流中穿过渔网的情景；而在第 4 章中的情景 1v1 的"并联开关型 5"中，教练通过场地、目的、规则的设置，构建出了比赛中持球球员在边路靠近边界的位置面对来自内侧防守球员逼抢的 1v1 情景，这个情景来自比赛，教练同样希望球员能够通过这个训练在比赛的相似情景中运用这项技战术。两个训练所利用的情景虽有不同，但都是在教球员 1v1 技术！

　　以游戏情景为主题的训练称为情景游戏式训练，而以比赛情景为主题的训练称为情景再现式训练。游戏情景与比赛

足球比赛也可以视为一种游戏

情景的不同之处在于，前者注重引导，后者强调运用。所以情景游戏式训练中最重要的是探索式学习和教练的有效引导：①相较于教会球员什么，更重要的是让他们养成思考的良好习惯；②优秀的球员往往会自主摸索游戏获胜的方法，而他们也是后进球员的榜样；③球员通过任何"另类"但合理的方法来获取游戏的胜利并不是投机取巧，而是高球商的表现，不断地挑战规则和在游戏中尝试新的解决方法是优秀球员应该具备的能力，而教练应该做的是制定更合理的规则使训练效果更理想。情景游戏式训练应用于一堂训练课的前半部分，或者直接作为训练的热身环节。

第 2 章 基础训练

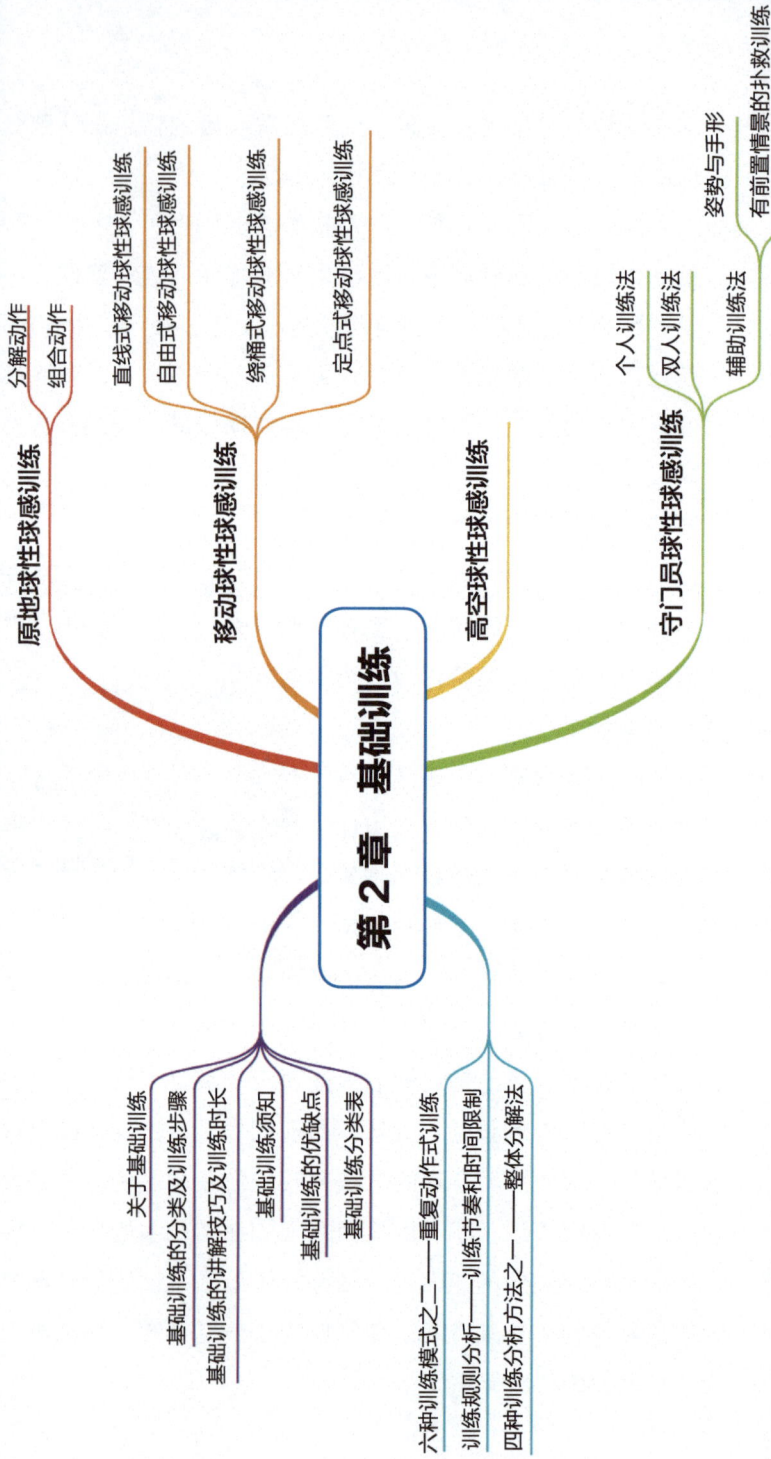

原地球性球感训练
- 分解动作
- 组合动作

移动球性球感训练
- 直线式移动球性球感训练
- 自由式移动球性球感训练
- 绕桶式移动球性球感训练
- 定点式移动球性球感训练

高空球性球感训练

守门员球性球感训练
- 个人训练法
- 双人训练法
- 辅助训练法
  - 姿势与手形
  - 有前置情景的扑救训练

基础训练分类
- 关于基础训练
- 基础训练的分类及训练步骤
- 基础训练的讲解技巧及训练时长
- 基础训练须知
- 基础训练的优缺点
- 基础训练分类表

- 六种训练模式之一——重复动作式训练
- 训练规则分析——训练节奏和时间限制
- 四种训练分析方法之一——整体分解法

关于基础训练

以家庭作业形式体现的基础训练，是维尔·科化提出的科化足球训练法的重要组成部分。

基础训练通过简单的、高重复的、不同组合的一系列触球动作，提高球员身体各个部位的球性球感，便于球员快速掌握足球基本技术。而球性球感，是指以球员为单位的个体在对球的反应和处理中的一系列的、整套的神经反射。球员不断熟悉、巩固、强化这些神经反射（球性球感），不断熟悉球和自己的身体。

值得一提的是，在一些足球普及率高的国家，因为很多家长基本上都受过相关的训练，青训球员的基础训练大多数是在家中进行的，所以基础训练很难在国外正式青训中看到。因此，教练应该依据我国的国情与球员的实际情况对基础训练在正式训练课中所占的比例做出相应调整。

基础训练的分类及训练步骤

⚫　按球的状态和位置，基础训练分为原地球性球感训练、移动球性球感训练、高空球性球感训练、守门员球性球感训练

⚫　依据训练的难度，基础训练的训练步骤为原地球性球感训练—移动球性球感训练—高空球性球感训练

⚫　依据个人技术能力的需要，基础训练中触球部位的训练步骤应为脚掌—脚背—脚弓—其他部位

⚫　依据动作的复杂程度，技巧动作的训练步骤应为单一分解动作—组合动作

基础训练的讲解技巧及训练时长

◊ 示范动作

◊ 高频触球训练时长应在 15~20 秒，休息时间为 5~10 秒。低频
触球训练时长应在 5~10 分钟，休息时间在 30 秒 ~1 分钟

◊ 休息时间讲解动作要领、错误动作及接下来的训练动作

◊ 讲解错误动作时，可以让具有代表性的球员做示范

基础训练须知

◊ 注意球员各个部位控制球的能力

◊ 基础训练应贯穿整个青少年时期的训练

◊ 根据球员的注意力调整训练时长

◊ 基础训练不应占据太多的正式训练时长

基础训练的优缺点

◊ 短时间内大幅度增加球员触球次数

◊ 提升身体协调能力及处理球的能力

◊ 基础训练帮助球员掌握足球基本技术

◊ 单人即可进行训练

◊ 内容较为枯燥

◊ 易导致球员思维固化

基础训练分类表

原地 球性球感训练	分解动作	六个触球分解动作	
		三个不触球分解动作	
	组合动作	无转身循环式	
		转身循环式	
移动 球性球感训练		直线式	
		自由式	
	绕桶式	折返式	
		绕 8 字	
		绕直桶	
		定点式	
高空 球性球感训练		双手辅助式	
		允许弹地式	
		部位交替式	
		与停球结合式	
守门员 球性球感训练		个人训练法	
		双人训练法	
	辅助训练法	姿势与手形	
		有前置情景的扑救训练	

2.1　原地球性球感训练

原地球性球感训练是提升球员脚部五个基础触球部位（脚掌、内脚背、外脚背、脚弓和正脚背）的球性球感的训练，帮助球员掌握足球比赛中的各种技术，使技术动作更加合理、规范。

2.1.1 分解动作

原地球性球感训练可分为分解动作和组合动作两类。其中，分解动作是最基础、最简单的动作，它将所有技术动作和复杂的原地球性球感组合动作分解成小片段，分解动作练习是掌握过人技术、摆脱技术和复杂动作的基础。

六个触球分解动作（踩、拉、推、拨、打、扣）

训练类别： 重复动作式训练

训练要求： 球员每人1球进行以下训练，并换脚交替

- 单脚脚掌踩球
- 脚弓/正脚背向前推球，用脚掌拉回
- 内脚背向内侧拨球两次，身体横向移动
- 外脚背向外侧拨球两次，身体横向移动
- 双脚打球
- 内脚背扣球
- 外脚背扣球

训练要点： 身体向前倾，头部朝下，看着球，身体微微张开

变化与进阶： ①前后击掌；②看教练手势，报数字；③抬头；④结合手形"剪刀和布"；⑤结合手形"枪和兔子"

训练时长： 每项训练不超过 2 分钟，训练总时长不超过 10 分钟

三个不触球分解动作（跨、晃、假传假射）

训练类别： 重复动作式训练

训练要求： 球员每人 1 球进行以下训练，并换脚交替训练

- 内跨球
- 外跨球
- 球放在两脚间，身体左右晃动
- 球放在一只脚的外侧，身体左右晃动
- 球员朝球做射门和传球动作，但不触球
- 球员朝球跑，跨过球，然后转身

训练要点： 身体向前倾，头部朝下，看着球，身体微微张开

训练时长： 每项训练不超过 2 分钟，训练总时长不超过 10 分钟

2.1.2　组合动作

　　组合动作是分解动作的进阶动作，它一般不会在比赛中出现。球员掌握不同的组合动作不仅能提升球性球感，还能提升身体协调性、灵敏性、专注度。组合动作不仅包括触球动作，还包括上肢动作、对声音的辨别

（听觉）和对物体的观察（视觉）。

无转身循环式

    训练类别：重复动作式训练

    训练要求：球员每人1球进行以下训练

        • 跳跃式双脚脚掌踩球

        • 跳跃式双脚脚掌拨球

        • 双脚打球

    训练要点：身体向前倾，头部朝下，看着球

    变化与进阶：①教练展示不同颜色的标志物并提问，球员抬头抢答后继续看着球；②教练伸出手指表示数字并提问，球员抢答后继续看着球；③前后击掌；④身体挺直，目视前方，不看球；⑤双手向上抛接球；⑥双人相互抛接球；⑦左右手相互抛接球

    训练时长：每项训练不超过2分钟，训练总时长不超过10分钟

转身循环式

    训练类别：重复动作式训练

训练要求： 球员每人 1 球进行以下训练

- 拉球转身
- 拉球绕过支撑脚直角转身
- 拉球后由内侧向外侧拨球
- 内（外）脚背扣球转身

变化与进阶： ①在球员触球转身前，教练在不同位置展示不同颜色的标志物并提问，球员抬头边抢答边转身；②在球员触球转身前，教练伸出手指表示数字并提问，球员边抢答边转身

训练时长： 每项训练不超过 2 分钟，训练总时长不超过 10 分钟

六种训练模式之二——重复动作式训练

重复动作式训练指球员按照教练要求来完成一系列重复的、接触球的、有规律的动作的训练。这种训练中球员重复地、高频率地接触球，能在极短的时间内快速提升处理球的能力。在进行技术动作的讲解和训练之前，往往需要进行相关触球部位的重复动作式训练，使球员快速、合理地掌握技术动作的要领。

重复动作式训练没有对抗，训练时间短，变化形式多样，触球率

是所有训练方法中最高的，一般一个人就能完成，常常作为家庭作业、热身活动或者小节活动穿插在整堂训练课中。训练中，球员的每个触球的动作、部位和身体姿势都要听从教练指令和要求，球员目的就是完成教练指令，球员发挥自主思考能力、创造力和沟通表达能力的空间较小。此外，相比于其他有球训练，重复动作式训练与正式比赛差别最大，进行这种训练容易使球员形成错误的刻板印象。例如，如果前置训练中练习了脚掌球性球感，若无任何过渡训练

触球率是衡量训练效果的 5 个重要条件之一

而直接进行提升带球能力的对抗型游戏，新球员会因前置的训练而仅用脚掌来使球运动，并且他们认为这是在"带球"。这时，可以在两个训练之间设置一个与后置训练相关的过渡训练，比如进行自由带球练习等，使球员快速适应接下来的训练。

2.2　移动球性球感训练

移动球性球感训练是原地球性球感训练的进阶版本，要求球员在球与人运动的同时按照指定方式接触并控制球，提升在移动中控制球的能力。移动球性球感训练包括直线式、自由式、绕桶式和定点式。它们除了可以训练移动中的球性球感外，还是带球、控球和过人三大基本技术的训练方法：带球路线式训练一般以自由式和绕桶式来实现；控球路线式训练则以原地式和定点式为基础；自由式和定点式则是过人路线式训练的主要方法。

2.2.1　直线式移动球性球感训练

直线式移动球性球感训练示例

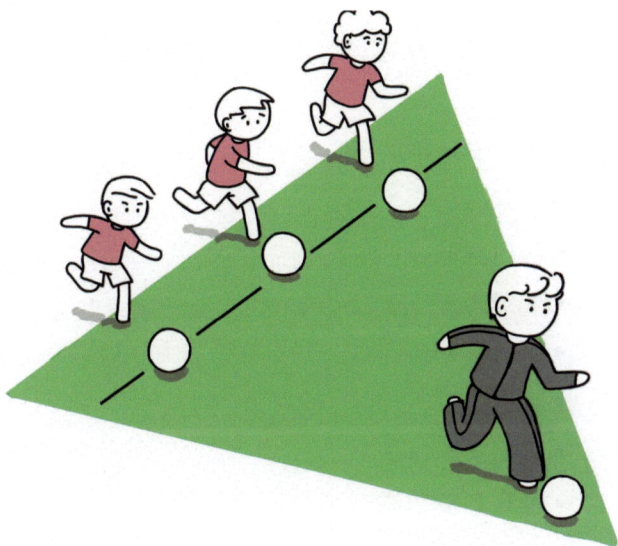

训练类别： 重复动作式训练

训练要求： 球员每人 1 球在场地的一侧，分别进行以下训练

- 单脚脚掌推球前进
- 单脚脚掌拉球后退
- 双脚脚掌推球前进
- 双脚脚掌拉球后退
- 跳跃式双脚脚掌左右拨球前进
- 跳跃式双脚打球前进
- 身体朝向左侧或者右侧，跳跃式双脚脚掌左右拨球横向移动
- 身体朝向左侧或者右侧，跳跃式双脚打球横向移动
- 身体朝向左侧或者右侧，横向拉球

训练时长： 每项训练不超过 2 分钟，训练总时长不超过 10 分钟

2.2.2　自由式移动球性球感训练

自由式移动球性球感训练示例

　　训练类别： 路线式训练

　　训练要求： 球员每人 1 球在场地自由带球，完成以下动作。每项训练 1 分钟

- 有节奏地带球
- 拉球转身
- 拉球拨球
- 扣球转身
- 踩单车
- 钟摆过人
- 马赛回旋
- 油炸丸子
- 其他过人动作

　　变化与进阶： 场地内摆放若干个标志桶，球员跑向标志桶，完成过人动作后寻找下一个标志桶

训练时长： 每项训练不超过 2 分钟，训练总时长不超过 10 分钟

2.2.3　绕桶式移动球性球感训练

折返式示例

训练类别： 路线式训练

训练要求： 场地内摆放两行标志桶，两桶相距 5m，球员带球从一侧出发，按以下要求绕过标志桶

- 全程右脚
- 全程左脚
- 绕桶时用内脚背
- 绕桶时用外脚背

变化与进阶： 计算通过时间，公布前三名

训练时长： 每项训练不超过 2 分钟，训练总时长不超过 10 分钟

绕 8 字示例

训练类别：路线式训练

训练要求：如图所示，球员走完敏捷梯后，带球呈 8 字绕过标志桶后，将球放在原来的位置，接教练的传球直接射门

变化与进阶：①不同的敏捷梯训练法；②不同的呈 8 字绕桶要求

训练时长：每项训练不超过 3 次，训练总时长不超过 15 分钟

绕直桶示例

　　训练类别：路线式训练

　　训练要求：如图所示，球员用以下方式全程 2 次触球并绕过呈直线的标志桶

- 全程左脚
- 全程右脚
- 全程内脚背
- 全程外脚背
- 一次内脚背，一次外脚背

　　训练时长：每项训练不超过 2 分钟，训练总时长不超过 15 分钟

2.2.4　定点式移动球性球感训练

定点式移动球性球感训练示例

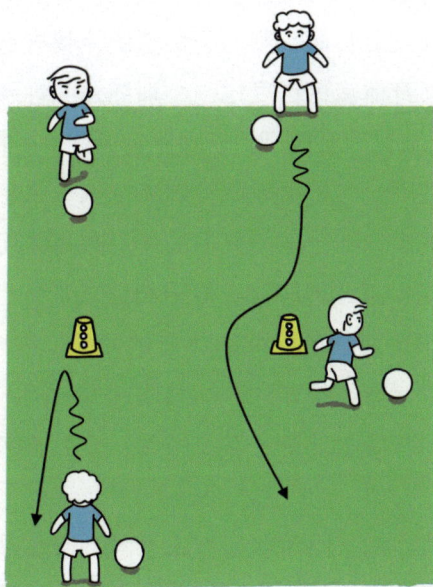

　　训练类别：路线式训练

训练要求： 球员站在场地的一侧，场地中央摆放适当间隔的标志桶，球员带球至标志桶前，用以下方式返回原来的位置或者前往场地另一侧

- 拉球转身，扣球转身，拉球绕过支撑脚后方转身等
- 拉球向外侧拨球，钟摆过人或单车过人等

训练要点： 注意做动作时球员和标志桶的位置，模拟比赛情景

训练时长： 每项练习不超过 2 分钟，训练总时长不超过 15 分钟

训练规则分析——训练节奏和时间限制

训练中，教练对时间的控制可分为两种：一种为训练节奏，即训练时长和休息时间的比例，训练节奏是影响训练强度和训练效率的重要因素；另一种为时间限制，教练在训练中对球员或者球队在完成球员目的的基础上，提高时间上的要求。训练节奏中训练时长过短导致的球员触球率下降会带来训练强度和效率的降低。除此之外，球员注意力集中的状态被反复打断，不利于训练的流畅进行。训练节奏中训练时长过长，球员身体疲劳程度过高、训练趣味性降低，从而导致注意力下降，不仅训练效率会降低，球员还容易因此受伤。

而休息时长并不一定是指球队在训练中统一休息的时间。对于新的训练和技战术提高训练，球员更多的休息时间体现为教练讲解训练规则和内容、示范、纠错的时间；对于路线式训练、1v1 训练和一些进攻配合训练，球员排队的时间即休息的时间；在一些游戏、比赛、抢圈和战术训练中，球员捡球的时间为休息的时间。这些时间都是可以主观调控的，如在场地准备足够多的球、增加训练场地以减少排队人数等。

时间限制根据训练不同而体现方式不同，但效果是一致的，都是附加球员目的、增加训练的难度和强度。在技战术了解阶段，教练应着重于球员完成技术动作的规范和合理性而非完成技术动作的快慢，

教练不应鼓励快速完成的球员而应鼓励合理地完成动作的球员，而这在技战术熟练阶段则恰恰相反。例如，在路线式训练和重复动作式训练等无对抗训练中，在球员能够合理完成训练的基础上，教练通过口头表达"快""加速"等施加压力，在比赛训练中教练对前锋提出 5 分钟内进两球的要求等。

合理地把握训练节奏和时间限制可以有效提高训练效率，教练需要花费很长一段时间在训练中学习、总结和反思。

2.3　高空球性球感训练

高空球性球感训练是球员处理高空球、半高空球的前提，颠球是锻炼高空球性球感最好的训练。但是对刚开始接触颠球的球员而言，颠球难度高，训练过程中挫败感强，所以提供阶梯式的颠球训练是必要的、合乎青少年心理的。本节介绍双手辅助式、允许弹地式、部位交替式、与停球结合式等四种练习颠球的阶段式训练方法。

除了能够单人练习的颠球训练外，第 3 章中的双人循环传球路线、圈式循环传球路线也可以作为高空球性球感的训练方法。

高空球性球感练习要点如下。

- 一直看着球
- 弯曲膝盖
- 用正脚背鞋带前沿处触球
- 用双手保持膝盖平衡
- 球员移动方向与球保持一致
- 尽早确定接触并控制球的部位
- 接球时身体放松

双手辅助式

训练类别：重复动作式训练

训练要求：球员每人一球，用双手向上抛球过肩膀或者过头顶，用头、大腿、脚弓、正脚背将球颠至胸口用双手接住，然后继续训练

变化与进阶：①同部位颠球 2 次；②同部位颠球 3 次或者更多；③每完成一次颠球身体转动 90 度，然后继续训练

训练时长：训练总时长不超过 10 分钟

允许弹地式

训练类别： 重复动作式训练

训练要求： 球员每人一球，用正脚背或者脚弓将球颠过头顶后，球在地上反弹一次后继续用脚颠高球

变化与进阶： ①颠高球前颠 2 次球；②每颠一次球身体转动 90 度，然后继续颠球；③结合摸标志盘；④结合射门

训练时长： 训练总时长不超过 10 分钟

部位交替式

训练类别： 重复动作式训练

训练要求： 球员手抛球后用以下触球部位组合颠球后颠回原来位置

- 胸部—大腿—正脚背
- 头部—大腿—正脚背
- 头部—胸部—大腿—正脚背
- 正脚背—大腿
- 其他部位组合

训练时长： 每项训练不超过 2 分钟，训练总时长不超过 15 分钟

与停球结合式

训练类别： 重复动作式训练

训练要求： 每 4~5 次颠球后，将球踢高，当球落下时尝试接球

变化与进阶： ①接球后立即带球；②呈斜线踢高球使自己不得不移动来接球；③接球但不让球触地继续颠球

训练要点： 思考接球后带球时可做些什么使训练更贴近比赛

训练时长： 训练总时长不超过 10 分钟

2.4　守门员球性球感训练

　　守门员球性球感训练根据训练人数和参与训练的角色分为个人训练法、双人训练法和辅助训练法三种。三种方法各具优势，但是都只针对守门员专项技术。其中，个人训练中不需要供球，个人训练法可针对扑救姿势、发球姿势进行练习和强化；双人训练中球员相互供球，互相提升反应能力、发球的准确性和接球姿势的合理性；辅助训练中由教练或者供球手提供不同形式的球以便于教练纠正球员的姿势和手形，也可以提供不同形式的前置情景来模拟比赛。

2.4.1 个人训练法

抱地滚球

训练类别： 重复动作式训练

训练要求： 守门员持一球，进行以下活动

- 站立准备，球置于身前，用抱地滚球的方式将球抱起
- 向前发地滚球，然后用抱地滚球的方式将球抱起
- 朝墙面传地滚球，然后用抱地滚球的方式将球抱起

训练要点： ①手形；②胸向下压；③蹲姿

摘高空球

训练类别： 重复动作式训练

组织方法： 守门员每人一球，进行以下活动

- 站立准备，不持球向前移步做摘高空球动作
- 站立准备，持球向前移步做摘高空球动作
- 站立准备，单脚向上跳起做摘高空球动作
- 站立准备，将球向前上方抛至空中后向上跳起摘高空球

训练要点： ①手形；②跳起时的腿部动作；③判断跳起的时机

2.4.2　双人训练法

短距离发球与接球

训练类别： 路线式训练

组织方法： 2~4名守门员一球，围成一圈，顺时针或逆时针进行以下活动

- 手抛及接高空球
- 手抛及接半高空球
- 手抛及接地滚球

训练要点： ①发球手形；②接球手形

长距离发球与接球

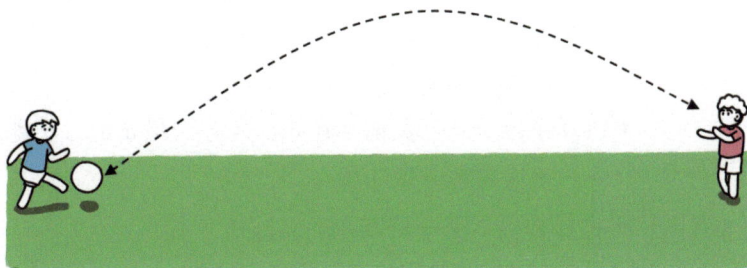

训练类别： 路线式训练

组织方法： 2 名守门员一球，相距 15~25m 进行以下活动

- 手抛及接高空球
- 手抛及接半高空球
- 手抛及接地滚球
- 大脚开球与摘高空球

训练要点： ①发球姿势；②接球手形

2.4.3　辅助训练法

2.4.3.1　姿势与手形

接正面胸部以下的球

训练类别： 重复动作式训练

组织方法： 1名供球手，1名守门员，1个球，进行以下活动

- 供球手位于守门员身前，单手握球向守门员胸口扔球，守门员做出抱球动作
- 供球手位于守门员前4m处，向守门员正前方发地滚球，守门员做接地滚球动作

训练要点： ①接球姿势；②分析漏球的原因

倒地扑救

训练类别： 路线式训练

组织方法： 1名供球手，1名守门员，1个球，进行以下活动

- 守门员向一侧倒地，供球手位于守门员身前2m处，向守门员一侧发地滚球，守门员做出侧向倒地扑救动作
- 守门员双脚伸直坐在地上，供球手位于守门员身前2m处，向守门员一侧发半高空球，守门员身体向后侧倒地做扑救动作
- 守门员双脚分开与肩同宽，供球手位于守门员身前2m处，向守门员裆下发地滚球，守门员待球完全通过裆下后向后倒地做扑救动作

2.4.3.2　有前置情景的扑救训练

有前置情景的扑救训练示例

训练类别： 路线式训练

组织方法： 供球手和守门员进行以下活动

- 守门员扑一名供球手的高空球射门后，扑另一名供球手的地滚球射门，循环进行
- 守门员触摸门柱，向球门中央侧滑步后，扑供球手的射门
- 守门员从球门前向球门后退，然后向前扑供球手的射门
- 守门员过敏捷圈后扑供球手的射门

四种训练分析方法之一——整体分解法

　　整体分解法是指根据训练的结构和组织形式对训练进行分解或者组合的方法。科化训练法将比赛看成各种形式的 1v1 的组合；米歇尔斯依据有球对抗发生的场地位置，将比赛按不同规则、场地、球员目的分解成小型比赛；而现代足球将进攻球员用假想的线连接起来，与

争夺球权的防守球员一起，构成不同人数、不同场地、不同强度的抢圈训练，并将其应用在技术、战术训练当中。

整体分解法应用于训练主要体现在两个方面。一是建立难度阶梯。对于有些难度较高、较复杂的训练，可以将分解后的部分训练作为前置训练；有些训练之间跨度较大，例如重复动作式训练和小型比赛，这时在两者之间可以依据小型比赛中常出现的带球、过人或者传球路线和 1v1 情景设计相关的路线式训练和 1v1 训练，使训练能够呈现阶梯式的变化。二是形成技战术思维。青训理论中将球队在比赛中的情景分解为各成体系的训练。除了按照米歇尔斯、科化足球训练法等青训理论思维来分析比赛外，教练还可以根据职业队的比赛视频了解其技战术思维、教练战术意图，甚至分析出其训练内容和训练方法。

第 3 章　基本技术

带球
- 带球实战模拟
- 带球路线式训练

控球

过人

传接球
- 传接球实战模拟
  - 双人循环传球路线
  - 时针式循环传球路线
  - Y字循环传球路线
  - 圈式循环传球路线
- 传接球路线

射门
- 射门实战模拟
- 射门路线
  - 带球射门路线
  - 传球射门路线

防守技术
- 个人防守技术
- 多人防守技术
- 整条防线的防守技术

- 关于基本技术
- 基本技术训练分类
- 基本技术的训练分类表

- 六种训练模式之三——情景模拟式训练
- 六种训练模式之四——路线式训练
- 训练观则分析——三种限制线
- 盯人防守、区域防守、链式防守和混合防守

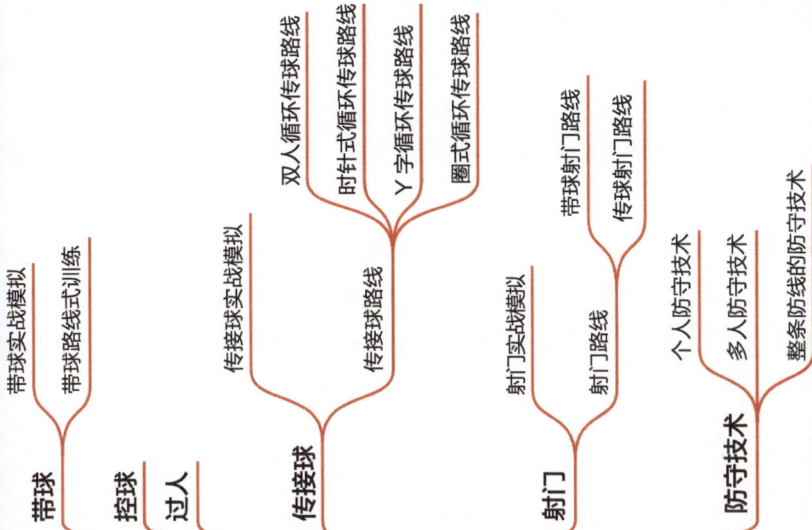

关于基本技术

技术是战术的基础，球队的战术执行力需要足够的技术能力来维持。技术能力包括 4 个层面——动作层面（完成技术动作的合理性）、思维层面（对该技术的理解）、神经反射层面（技术熟练度）和情景层面（在对抗中运用出来）。教练应在比赛和训练中充分调查球队战术失败或者球员在一个情景中反复失误的原因，合理地调整训练内容，进行针对性练习。

基本技术训练分类

⬩ 基本技术训练按常见技术动作分为带球、控球、过人、传接球、射门、防守技术和守门员技术（本书未针对守门员技术训练做展开讲解）七大类

⬩ 所有技术的训练都包括动作构成、实战模拟训练、训练路线和实战训练四部分

⬩ 动作构成是指组成技术动作的身体与球的相对位置、触球部位、身体姿势等对技术本身的要求，教练可在基础训练和各项技术的入门式训练中讲解

⬩ 实战模拟训练通过模拟技术在比赛中出现的情景，使球员了解技术使用的情景与原理。实战模拟一般通过防守弱化、进攻弱化或特定的规则限制使训练简单化、片面化，以此来强调技术在实战中的应用要点

⬩ 训练路线即路线式训练。在路线式训练中，球员按照已经指定的轨迹，对带球、传接球、无球跑动等技术进行反复练习，以增强在无对抗条件下处理球的能力

● 实战训练中增加了对抗程度接近比赛和使球员不得不运用这些技术的情景，是比赛式训练之前、球员掌握基本技术之后的重要训练

基本技术的训练分类表

带球	带球实战模拟
	带球路线式训练
控球	控球实战模拟
	控球路线式训练（第 2 章）
过人	过人实战模拟
	过人路线式训练（第 2 章）
传接球	传接球实战模拟
	传接球路线式训练
射门	射门实战模拟
	射门路线式训练
防守技术	个人防守技术
	多人防守技术
	整条防线的防守技术

3.1　带球

带球是其他技术的基础。带球的实战模拟训练一般体现为游戏或竞赛，大部分足球游戏都属于带球的实战模拟训练。

3.1.1　带球实战模拟

带球实战模拟 1

训练类别： 情景模拟式训练

训练准备：①按球员人数调整场地大小；②1~3名球员为防守球员，其他球员为进攻球员；③防守球员无球，进攻球员有球

球员目的：防守球员将进攻球员的球踢出界；进攻球员保持控球权

训练规则：①进攻球员的球第一次出界后，在教练附近颠5次球后即可持球返回球场，第二次出界后需颠10次球，以此类推；②2分钟后或者所有进攻球员的球出界后，训练结束

训练要点：①控制；②观察；③决策；④协防

带球实战模拟2

训练类别：情景模拟式训练

训练准备：按球员人数调整场地大小和标志门（1~2m）的数量，其中1/3~1/2的球员做防守球员，防守球员无球，进攻球员有球

球员目的：防守球员叫出进攻球员的名字后，抢夺进攻球员的球；进攻球员在被防守球员叫出名字后，尽快通过两个不同的标志门

训练规则：在防守球员叫出进攻球员的名字后，若该进攻球员带球连

续通过两个不同的标志门，则防守球员不能继续抢夺该进攻球员的球，直到防守球员使其他进攻球员的球出界或者与之完成球权交换为止；防守球员抢下球后与进攻球员交换角色，此时的原进攻球员不能抢夺原防守球员的球，直到原进攻球员使其他进攻球员的球出界或者与之完成球权交换为止；如果防守球员将进攻球员的球踢出界，同样地，不能继续抢夺该进攻球员的球，直至防守球员使其他进攻球员的球出界或者与之完成球权交换为止。2 分钟后，脚下有球的球员获胜

训练要点： ①控制；②观察；③决策

3.1.2　带球路线式训练

带球路线式训练 1

　　训练类别： 路线式训练

　　训练准备： 四个相距 6~8m 的标志桶组成一个正方形，球员每人一球在其中一个标志桶外侧排队等候

　　训练要求： 球员沿标志桶外侧围绕正方形进行以下活动后回原位排队

- 以最快速度带球
- 以最快速度带球，在每两个标志桶之间做一个假装拉球转

身的动作

- 以最快速度带球，在每两个标志桶之间做一个拉球后用另一只脚的脚跟磕球的动作
- 以最快速度带球，除第一个标志桶外，在其他标志桶处做人球分过的动作

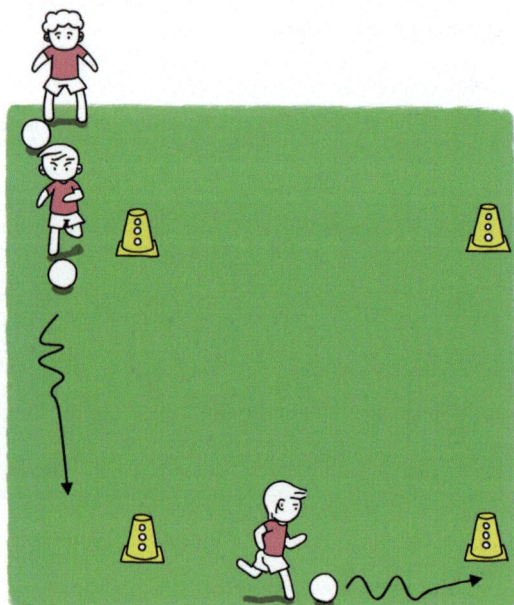

变化与进阶： 使用非惯用脚带球

训练要点： 有节奏地带球

带球路线式训练 2

训练类别： 路线式训练

训练准备： 12m×12m 矩形区域，每个角落有一块 1.5m×1.5m 的小矩形区域，小矩形区域一侧各有一个标志桶

训练要求： 球员分为 4 组，每组一球，在小矩形区域一侧排队并逆时针面向下一个小矩形区域，进行以下活动

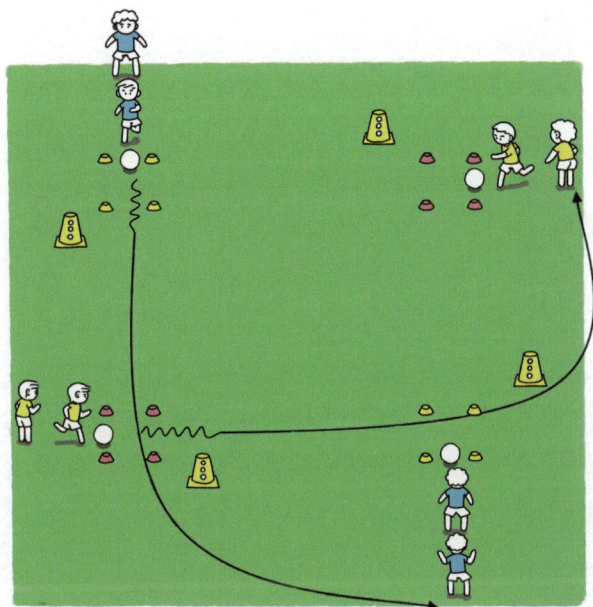

- 每组第一名球员逆时针向下一个小矩形区域带球，将球停在下一个小矩形区域内后排队
- 每组第一名球员逆时针向下一个小矩形区域带球，将球停在下一个小矩形区域内后绕过标志桶后排队

变化与进阶： 各组增加一名球员

3.2 控球

　　控球包括两个层面的定义，一种是个人控球能力，另一种是团队控球能力（又称为传控能力）。其中，团队控球能力是以抢圈的形式训练的，这将在第 5 章中详细讲解。

　　个人控球能力指个人原地控球及摆脱能力，其中的要点包括观察对手、利用身体、发现空间等。控球路线式训练一般以原地球性球感训练和定点式移动球性球感训练为主，详细可见第 2 章。本小节主要介绍控球实战模拟训练。

拉球转身模拟

训练类别： 情景模拟式训练

训练准备： 1 名进攻队员持球在场地一侧，1 名防守球员站在进攻球员身后

训练要求： 进攻球员向场地内的标志桶带球，到达标志桶后转身回原来的位置。防守球员随进攻球员移动施压但不抢球

变化与进阶： ①防守球员在进攻球员转身前跑至标志桶处；②防守球员从进攻球员身后任意一侧出发；③其他 180 度转身动作

训练要点： ①观察对手位置；②用远离防守球员的脚来转身；③控球空间；④假动作与掩饰意图

护球实战模拟

训练类别： 情景模拟式训练

训练准备： 场地 4m×4m，4 名球员，3 个球

球员目的： 无球球员抢有球球员的球；1 分钟后游戏结束，有球的球员获胜

训练规则：球在球员的控制范围内才算成功抢球。若抢球球员使有球球员的球出界，则不能再继续抢该球员的球，直到他将其他球员的球抢下或者使球出界为止；若抢球球员抢到有球球员的球，则互换角色。互换角色后，新产生的抢球球员不能抢之前与之互换角色的球员，直到他将其他球员的球抢下或者使球出界为止

训练要点：①利用身体使球远离对手；②观察对手位置；③控球空间；④假动作与掩饰意图

3.3　过人

过人技术是将球向前推进的方法，而 8~10 岁是掌握过人技术的黄金时期，因此球员务必在这个阶段尽可能地熟练掌握更多过人技术。

理解过人技术的原理和提高过人动作的熟练度是掌握过人技术的前提。过人实战模拟训练能帮助球员理解过人技术的原理，过人路线式训练（以自由式和定点式移动球性球感训练为主，详细可见第 2 章）则能够快速提高球员过人动作的熟练度。将这两项训练作为相关情景 1v1 的前置训练，训练效果会更佳。本小节主要介绍过人实战模拟训练。

正面突破模拟

训练类别： 情景模拟式训练

训练准备： 1名进攻球员和1名防守球员对立站在场地的一侧，防守球员同侧的场地有2个标志门；进攻球员髋关节处用松紧带绑着2件标志服

球员目的： 进攻球员出发，穿过标志门且标志服没有被防守球员抢走得分；防守球员在进攻球员穿过标志门前抢下1件标志服得分

训练规则： 进攻球员不能用手捂住标志服

变化与进阶： 仅用1件标志服

训练要点： ①突破的时机；②与防守球员的距离；③突破空间；④保持移动；⑤假动作与掩饰意图

侧面突破模拟

训练类别： 情景模拟式训练

训练准备： 1名进攻球员和1名防守球员分别站在场地的右（左）侧相邻的一角；防守球员同侧的场地有2个标志门；进攻球员右（左）髋关节处用松紧带绑着1件标志服

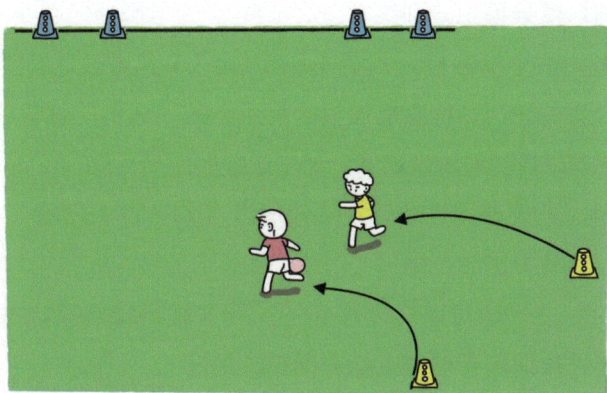

球员目的：进攻球员，穿过标志门且标志服没有被防守球员抢走得分；防守球员在进攻球员穿过标志门前抢下 1 件标志服得分

训练规则：进攻球员不能用手捂住标志服

训练要点：①改变移动方向的时机；②与防守球员的距离；③空间意识；④保持移动；⑤假动作与掩饰意图

"油炸丸子"技术掌握

训练类别： 情景模拟式训练

训练准备： 两个标志桶，相距 1.2~1.5m；1 名进攻球员持球，与 1 名防守球员面对面站在两个标志桶连线的两边；防守球员前脚掌放在标志桶连线上；球在进攻球员的前脚掌之间，球与连线的距离为 20~30cm

训练规则： 进攻球员碰球后，防守球员才能出脚（只限 1 次），防守球员只能向连线的前方出脚抢球

球员目的： 进攻球员以"油炸丸子"的方式带球绕至标志桶两侧；防守球员尽量在进攻球员带球绕至标志桶前破坏球

训练要点： ①进攻球员和防守球员虚晃以掩饰意图；②观察对手意图；③做动作时身体展开

六种训练模式之三——情景模拟式训练

模拟技战术在比赛情景片段中应用的同时，通过进攻弱化和防守弱化的方式辅助球员分析技战术的原理、了解技战术在比赛中应用的训练，被称为情景模拟式训练。

情景模拟式训练中的对抗都是不完整的，有些时候甚至完全没有对抗。在没有对抗的训练中，球员一般依照教练指令或者被弱化的对手来行动，例如本章中的拉球转身模拟和后防线的链式防守。在拉球转身模拟中教练通过提问，如"当防守球员站在你的左侧时，如果你用拉球转身，应该用哪只脚？为什么？"，来启发球员对技术应用的思考；而在有对抗的训练中，不完整的对抗将技术的使用简单化，使得球员拥有自主思考的空间。例如"护球实战模拟"中球员的原地控球技术，"传球实战模拟 1"中的传接球引导等。因为技战术更强调实战

模拟训练能够很好地帮助球员理解技术的原理和要点（图为 1v1 过人模拟训练现场照片）

中的运用，因此完全没有对抗的情景模拟式训练一般出现在技术新授课上，而弱对抗的训练多以游戏的形式作为热身训练或者作为拥有完整对抗训练的前置训练。

　　从无对抗到不完整对抗再到完整对抗分别对应着技战术了解、运用和熟练三个阶段。作为完全无对抗的重复动作式训练和路线式训练与其他实战类训练的桥梁，情景模拟式训练是使球员完全掌握技战术的重要训练。

3.4　传接球

　　传接球是足球比赛中常用的技术，因此也是在基本技术训练中频繁出现的训练。和带球、控球、过人一样，传接球也包括实战模拟训练和路线式训练。教练可以利用传接球实战模拟训练向球员讲解接应、接球引导、传球引导、提前观察等传接球技术的原理，以便于在后置训练中的抢圈或者比赛中使球员理解传接球失误的原因并做出改变。

3.4.1　传接球实战模拟

传球实战模拟 1

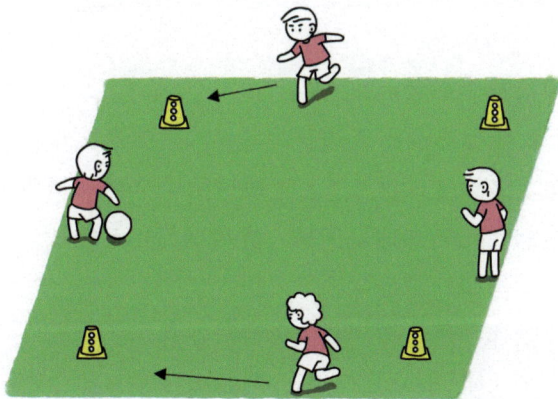

训练类别： 情景模拟式训练

训练准备： 4个标志桶围成边长为4m的正方形区域，4名球员在边线附近传接球

训练要求： 当其中一边的一名球员持球时，邻近两边的球员靠近接球，2次触球限制

变化与进阶： 增加1名防守球员，防守球员不能越过边线抢球

训练要点： ①打开身体；②引导传球；③传向引导传球的脚

扫码观看视频

传球实战模拟2

训练类别： 情景模拟式训练

训练准备： 4个标志桶围成边长为4m的正方形区域；3名进攻球员和1名防守球员；3名进攻球员中2名球员手持球，一名进攻球员和防守球员无球，进攻球员相互传球，进攻球员完成一次传球后游戏开始

扫码观看视频

球员目的： 防守球员抓住无球进攻球员获胜

训练要点： ①决策；②积极要球；③观察对手意图

传球实战模拟 3

扫码观看视频

训练类别：情景模拟式训练

准备情景：16m×16m 的正方形区域，3 个身穿不同颜色球衣的球队，每队 3 人 1 球

训练要求：持球球员将球传给另一球队的球员

训练要点：①提前观察；②决策

3.4.2　传接球路线式训练

传接球路线式训练在无对抗条件下提高了球员传接球动作的合理性、熟练度、传球准确性，通过高重复的触球练习，提升球员的传接球能力。基本的传接球路线包括双人循环、时针式循环、Y 字循环和圈式循环四种，每种训练路线针对的技术各不相同。教练还可以结合在球场上的战术要求，训练在球场上频繁出现的传球路线，以提升球队的战术执行力。

3.4.2.1　双人循环传球路线

双人循环是一种常见的基础传球路线式训练，并不一定是指两人间的相互传球练习，也可能是 4 人练习、6 人练习等，但这些训练都是由两人相互传球的训练变化而来的。双人循环式训练的优点是基础性强、简单、利于管理、动作多样，是传球初学者的首选传球训练项目。

双人循环 1

训练类别： 路线式训练

训练要求： 2 人 1 组进行以下训练

***练习 1：** 两人面对面相距 4~6m 传球，按以下不同要求分别进行训练

- 传至相同脚，1 次触球

- 传至不同脚，1 次触球

- 内（外）脚背向内（外）侧拨球，身体横向移动后用另一只脚的内（外）脚背传球

- 接球后双脚打球（双脚脚掌）数次后传球

- 接球后做其他原地球性球感训练动作后传球

- 1 名球员位置保持不变，另一名球员边传边后退或者边传边前进

- 两个相邻区域的同一侧球员传球后交换位置

***练习 2：** 两人传球过一个小门后，前往另一小门进行传接球

- 内脚背接球转身

- 外脚背接球转身

- 脚掌绕过支撑脚向外侧转身

***练习 3：** 两人平行，边跑动边传球

- 1 次触球
- 2 次触球

训练要点： ①身体做好准备；②随球移动；③传球速度；④传向指定脚；⑤传球姿势（支撑脚脚尖指向传球方向，锁定传球脚脚踝，打开髋关节，随球动作）；⑥保证传球准确度

双人循环 2

训练类别： 路线式训练

训练要求： 如图所示，进行以下回传后 2 名球员交换位置，90 秒后交换角色

- 2 次触球回传，胸部、大腿等部位触球 1 次后脚弓或者正脚背回传球
- 头、脚弓、正脚背等部位 1 次触球传球

训练要点： ①根据下一步处理球的动作调整身体；②看着球；③触球时放松身体；④保证回传球的质量；⑤快速移动

3.4.2.2　时针式循环传球路线

时针式循环中的人和球都按照两条或者同一条封闭的路线循环移动，时针式循环将球员的传接球与跑动相结合，常常伴随转身接球或者短传配合技术。

时针式循环 1

训练类别： 路线式训练

训练要求： 5 人一组，10m×10m 的正方形区域（由 4 个标志桶围成），开始传球的角落里有 2 名球员，由其中 1 名球员开始传球，球员逆时针传球并跑向下一个角落

扫码观看视频

变化与进阶： ①沿顺时针方向传球；②传球球员快速跑向接球球员以施加压力；③小组之间进行传球速度比赛；④每组 2 球

时针式循环 2

训练类别： 路线式训练

训练要求： 6 名球员分别站在 10m×10m 的正方形区域的四个角落，沿逆时针方向传球给下一名球员后前往对角处给接球球员施加压力

扫码观看视频

变化与进阶： 沿顺时针方向传球

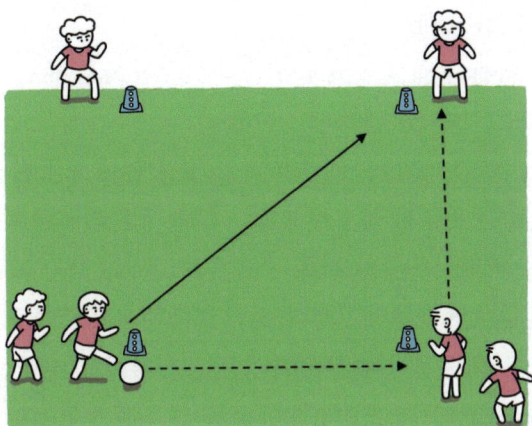

训练要点：①传球速度；②创造传球空间；③第一脚触球

3.4.2.3 Y 字循环传球路线

Y 字循环是时针式循环的一个特例，它将比赛中常常出现的后卫、中场、边路球员的传球路线从比赛中分离出来，便于球队了解比赛中这三个位置之间的联系，掌握其中需要的各种传接球技巧。

Y 字循环传球路线示例

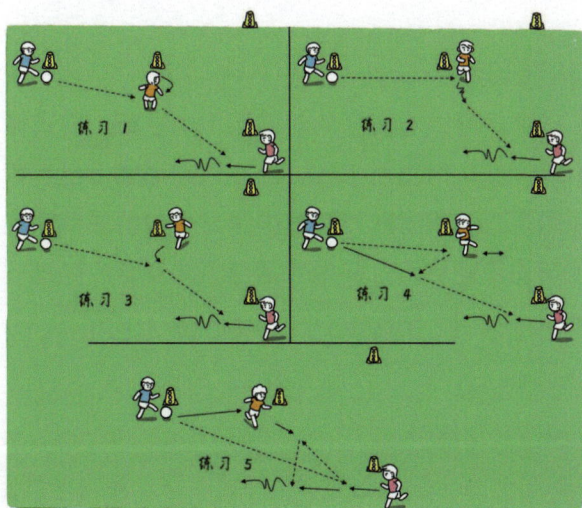

扫码观看视频

训练类别： 路线式训练

组织方法： 将标志桶摆放成 Y 字，球员站在标志桶的一侧，从 Y 字末端传球，每次传球后球员跟随球移动位置

＊**练习 1：** 中场球员拉开创造空间，接球后转身用右脚接球后传给 Y 字头端球员，头端球员带球到 Y 字末端，其他两名球员顺序更换位置

＊**练习 2：** 中场球员身体朝向一侧接球，完成第一脚触球后，传给 Y 字头端球员，头端球员带球到 Y 字末端，其他两名球员顺序更换位置

＊**练习 3：** 中场球员 J 字跑位转身用右脚接球，接球后传给 Y 字头端球员，头端球员带球到 Y 字末端，其他两名球员顺序更换位置

＊**练习 4：** 中场球员前插创造空间，接球后以一定角度回传给 Y 字末端球员，Y 字末端球员传给头端球员，头端球员带球到 Y 字末端，其他两名球员顺序更换位置

＊**练习 5：** 中场球员回撤创造空间，Y 字末端球员传给头端球员，中场球员 J 字跑位后与头端球员撞墙式配合，头端球员带球到 Y 字末端，其他两名球员顺序更换位置

训练要点： ①创造空间；②转身速度；③传球质量；④传给靠前的脚；⑤以一定角度接球；⑥交流；⑦传球者和接球者间的眼神接触；⑧换另一个方向进行

3.4.2.4　圈式循环传球路线

圈式循环在一个矩形或者圆形的封闭场地内进行。圈式循环与时针式循环虽然都是由双人循环衍变过来的，但在训练形式上两者截然不同。圈式循环通过圈外球员之间或者圈外和圈内球员之间的联系实现一些需要供球手提供特定传球的传球练习，其中包括撞墙式配合、二过一配合、后套等进攻配合技术。

登门拜访式

训练类别： 路线式训练

训练准备： 球员分为 2 队，圈外球员每人 1 球，圈内球员无球

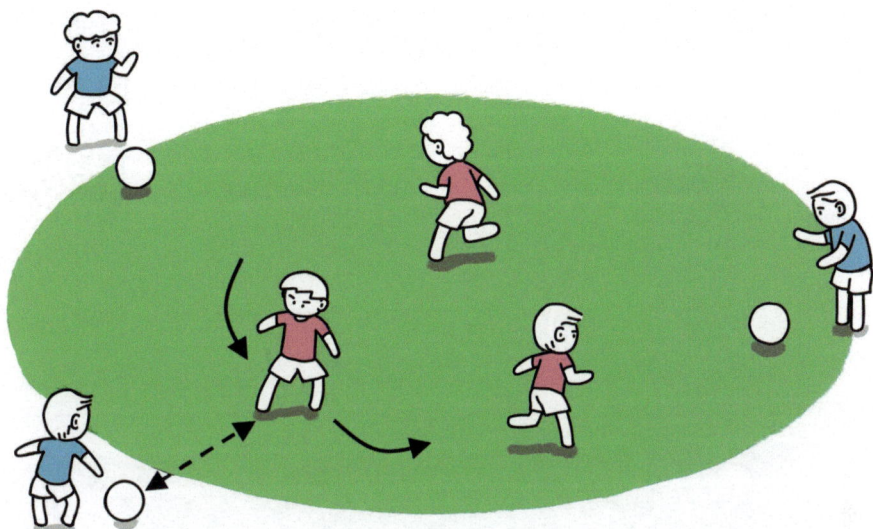

训练要求： 圈内球员"登门拜访"式找圈外球员要球并传回，"登门拜访式"活动如下

- 1~2 次触球传球
- 双脚踩球数次
- 双脚打球数次
- 高空头球
- 胸部停球后回传
- 脚弓半高空球
- 大腿停球后回传
- 正脚背半高空球

90 秒后轮换，2 次轮换后更换活动

训练要点： ①圈外球员控制球速和轨迹；②适当的传接球技术；③接应的角度和距离；④交流；⑤合理移动；⑥观察球

搬运工式

训练类别： 路线式训练

扫码观看视频

训练准备：一半球员在圈内，另一半球员在圈外，三分之二的圈外球员有球

扫码观看视频

训练要求：圈内球员主动要球后用以下方式接球后带球传给另一个圈外无球球员，然后找另一个圈外有球球员要球，2分钟后交换角色

- 内脚背接球转身
- 外脚背接球转身
- 内脚背转身接球
- 外脚背转身接球
- 接高空球转身
- 接半高空球转身
- 侧面接高空球
- 背面接高空球

训练要点：①回撤接球；②传球质量；③接球的触球部位；④弯曲膝盖，加速摆脱；⑤抬头观察

墙式

训练类别：路线式训练

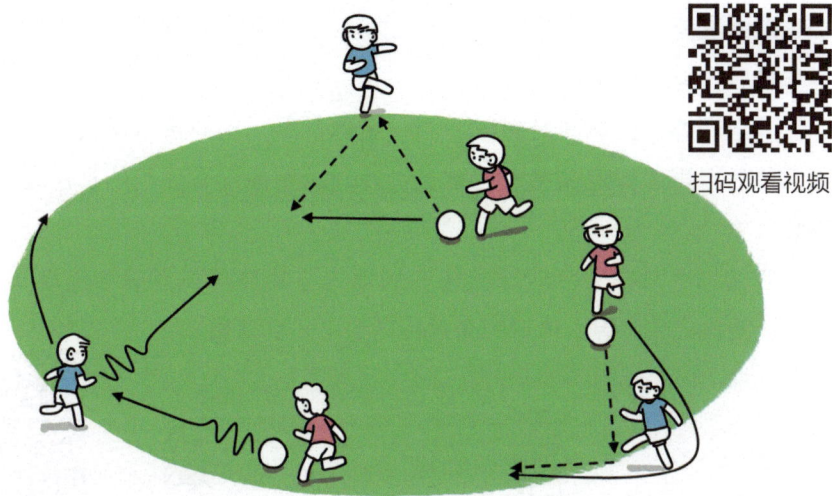

扫码观看视频

训练准备： 一半球员在圈内，另一半球员在圈外

要求训练： 圈内球员每人 1 球，圈内球员寻找圈外球员配合

- 接球转身
- 转身接球
- 不触球转身
- 撞墙式配合
- 回传 J 字跑位
- 回传反 J 字跑位
- 后套
- 掩护式交叉

进行 10~20 次配合后圈内球员以反式交叉或者带球交叉的形式与圈外球员交换角色

训练要点： ①眼神交流；②暗示动作；③传球质量；④传到指定脚以便完成配合

查缺补漏

训练类别： 路线式训练

训练准备： 8 个标志盘组成直径为 10m 的圈，5 名球员分别站在一个标志盘后，身体朝向圈内

要求训练： 持球球员将球传给一名球员后，跑向接球球员，在接球球员回传后，再将球传向另一名球员，传球后跑向没有球员的标志盘，循环训练

变化与进阶： 原传球球员留在场地内与接球球员完成（撞墙式配合、后套、掩护式交叉等）传球配合后传球给下一名球员

扫码观看视频

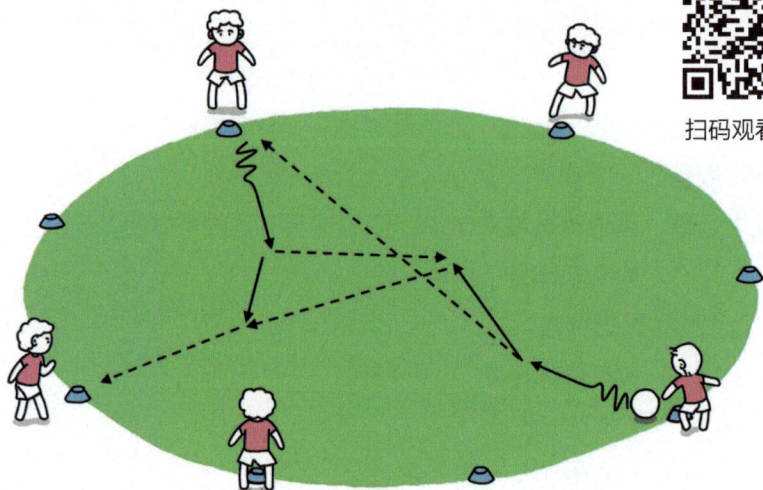

训练要点： ①第一脚触球；②传球后跑动；③交流；④接应的角度和距离；⑤眼神交流

六种训练模式之四——路线式训练

路线式训练是指球员和球按照指定的、统一的、重复的路线行进和传递的训练。

比赛场上球员和球的运动轨迹都有一定的规律，把它们拆解后逐

个进行有针对性的、无对抗的训练，以提高球员在比赛中相应的带球、传球、射门等的速度、精准度，这便是路线式训练法的理论来源。战术的执行需要以技术为基础，根据路线式训练的理论来源，并结合球队情况，教练就可以进行有针对性的练习，以提升球队的战术执行力。例如，当中场球员不能灵活地接球转身和转身接球将球传到两边时，教练可以在进行有对抗的训练之前设计 Y 字传接球路线式训练，使球员在进行有对抗训练之前熟练运用所需要的技术。

　　与重复动作式训练一样，路线式训练中球员的目的基于教练的指令。这两种训练都具备高触球次数、高指向性等特点，同时也存在沟通交流缺乏和对抗情景缺失的不足。由于在训练中球员都是听从教练的指令行动的，所以在这两种训练中球员之间是没有也不需要沟通的，他们只需要按部就班地完成任务。教练如果过多地进行这些训练，

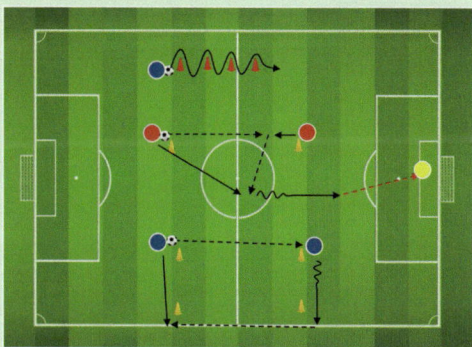

一般的路线式训练可分为带球路线、传球路线、射门路线三种

那么就没有理由去指责球员在比赛中闷声不响、毫无计划地踢球。

　　而与重复动作式训练的不同点在于，路线式训练中处理球的过程是会在比赛中出现的。因此，路线式训练应尽可能地在比赛场地上进行，以便建立球员在技战术方面的神经反射，形成情景记忆。

　　路线式训练一般是排队进行的，排队的时间即球员休息的时间。由于训练内容枯燥，为保证球员的注意力和训练效率，教练应控制同一项训练的时间，或者同时设置多组训练，让球员循环进行。路线式训练中没有对抗，在一堂完整的训练课中，路线式训练常常作为热身内容。

3.5 射门

比赛中射门技术出现的频率并不高，但其是非常重要的技术。球员比赛的最终目的是获得比赛胜利，或者说进尽可能多的球。射门的动作要领包括观察守门员位置、身体姿势、随球动作等。

3.5.1 射门实战模拟

移动的球门

训练类别： 情景模拟式训练

训练准备： 每名球员一个球，两名教练可选择杆、衣物等作为球门，并在场地内任意移动

训练要求： 球员带球射门，射门后捡球

训练要点： ①鼓励球员射门；②跑动中射门而不是站在原地射门；③抬头观察球门位置

快速射门

训练类别： 情景模拟式训练

训练准备： 3个标志盘，1条射门限制线；3名进攻球员持球分别站在

1 个标志盘一侧，3 名防守球员分别站在 3 名进攻球员身后的界线外，1 名防守球员站在球门线上守门；给球员编号，1 个号码对应 1 名进攻球员和他身后的防守球员

球员目的：教练报号后进攻球员和防守球员同时出发，进攻球员必须带球过射门限制线后才能射门，防守球员尽力阻止进攻球员射门

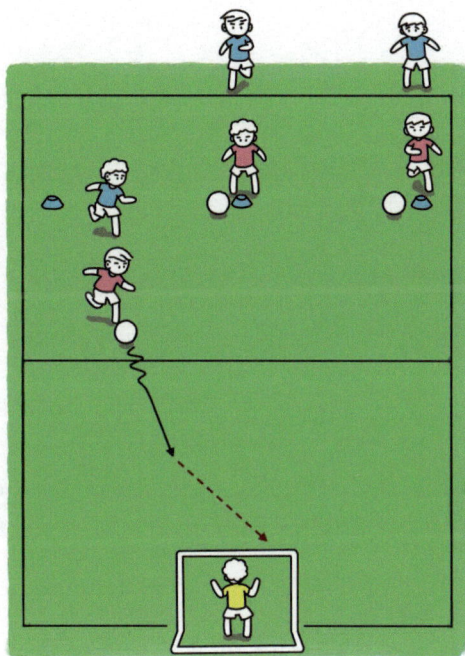

3.5.2　射门路线式训练

　　射门路线式训练分为带球射门路线和传球射门路线。如果球出界、射门成功或者守门员控制住球，则训练结束，守门员和射门球员应分别随时做好防守和补射准备。

3.5.2.1　带球射门路线

　　带球射门路线并没有多少变化，比赛中射门前球员的带球路线也不会

太过复杂，但是它可以与身体素质（敏捷梯、跨栏等）或者绕桶等前置训练结合起来。

带球射门路线 1

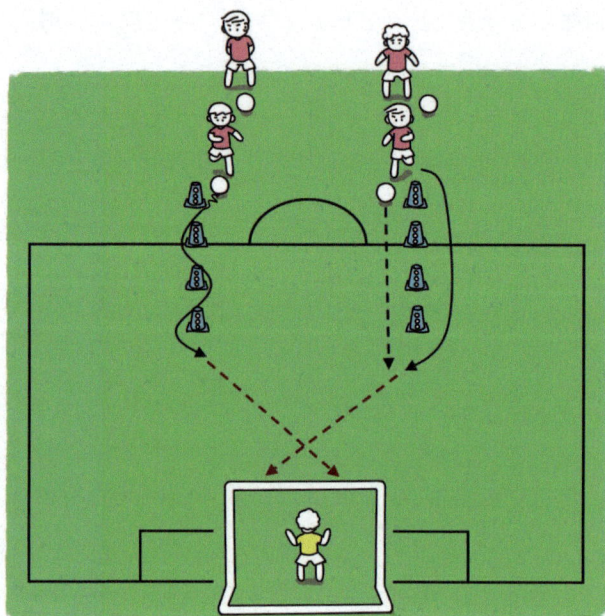

扫码观看视频

训练类别： 路线式训练

训练要求： 球员排队从标志桶后方出发，按以下方式通过标志桶后快速射门

- 全程内脚背绕桶
- 全程外脚背绕桶
- 全程左脚绕桶
- 全程右脚绕桶
- 用脚掌从标志桶一侧推球至最后一个标志桶，同时身体侧滑步绕过标志桶

训练要点： ①射门前调整；②观察球门和守门员的位置

带球射门路线 2

扫码观看视频

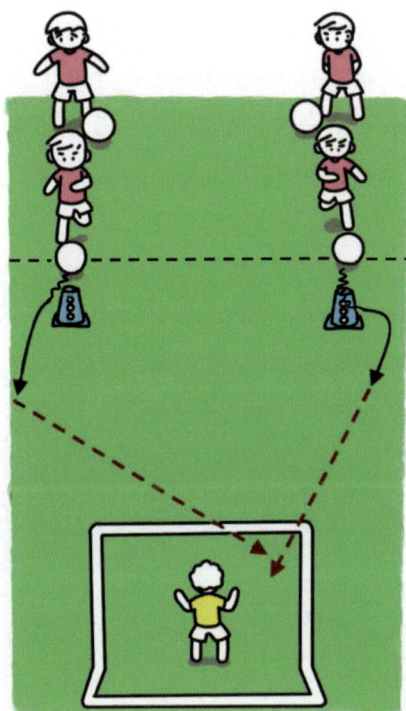

训练类别： 路线式训练

训练要求： 球员排队从等待线后带球出发，对着蓝色标志桶完成以下过人动作后快速射门

- 外脚背拨球过人
- 左跨右拨
- "踩单车"过人
- 左晃右拨
- 钟摆过人

变化与进阶： 设置镜像场地，球员必须用非惯用脚射门

训练要点： ①尽快射门；②射门前调整；③观察球门和守门员的位置

3.5.2.2 传球射门路线

传球射门路线是复制的比赛中完成射门前的常见传球路线。该路线一般和时针式传球循环路线一样，球员按接触球的时间顺序交换位置。

应当注意的是，这种传球路线的训练应与球队的战术、阵形相关。如果球队的阵形或者战术不适合或者很难出现 45 度传中，那么该类型的训练不应当出现，直到需要改变阵形和战术使球队学习、适应、掌握这种射门路线为止。

接球转身射门

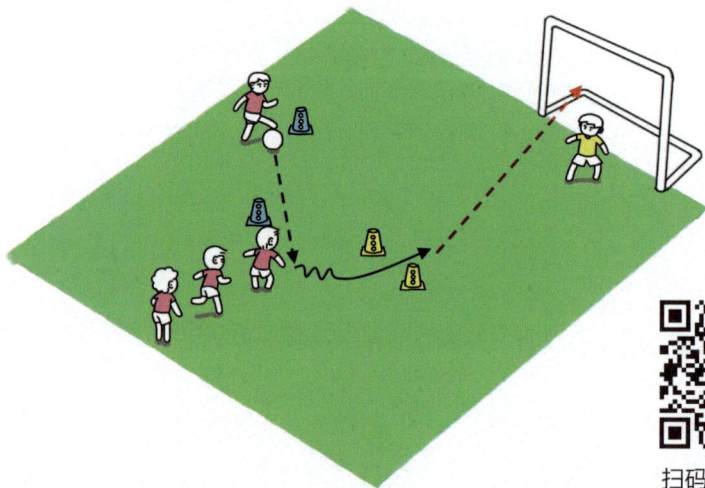

扫码观看视频

训练类别： 路线式训练

训练要求： 球员在标志桶右后侧接另一名球员的传球，按以下形式通过标志门后射门

- 内脚背接球转身
- 外脚背接球转身

变化与进阶： ①球员在标志桶右侧，按以下形式接另一名球员的传球后射门

● 接有提前量的球后射门

● 接有提前量的球后一脚射门

②增加身体素质、反应、带球路线等前置训练

斜传直插后射门

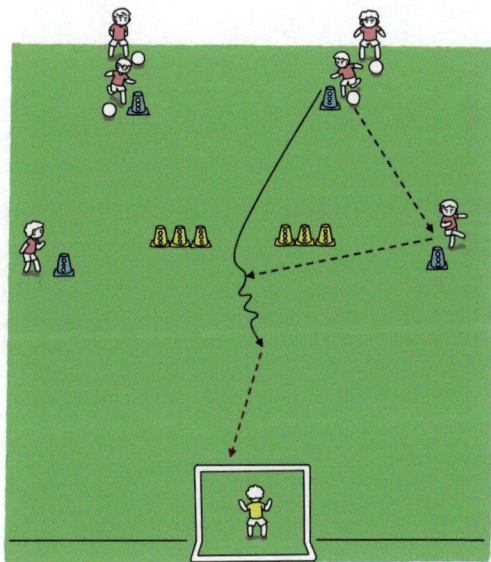

扫码观看视频

训练类别：路线式训练

训练要求：中路球员排队从标志桶处出发，带球与另一标志桶一侧的边路球员完成斜传直插后快速射门

变化与进阶：边路球员带球与中路球员完成直传斜插后射门

角球战术配合

训练类别：路线式训练

训练要求：一名球员传球给原本在蓝色标志桶处回撤来接球的边路球员，边路球员带球与原本在黄色标志桶旁边排队的中锋球员完成撞墙式配合后，带球过黄色标志桶小门后射门，中锋球员跟上并做好补射准备

扫码观看视频

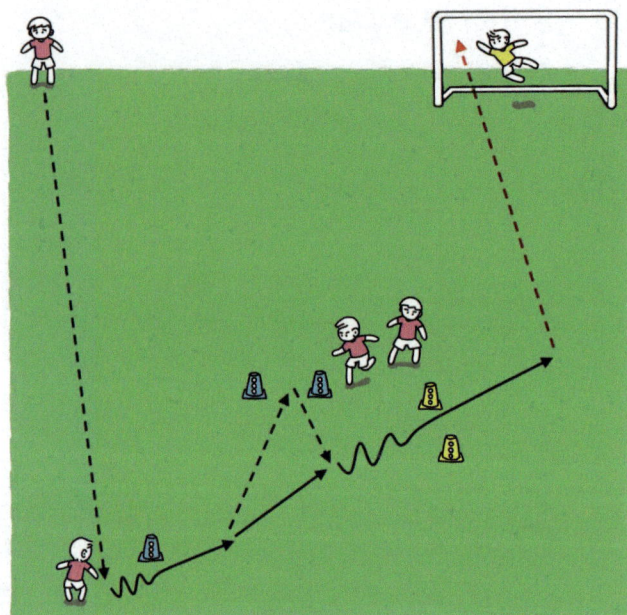

训练规则分析——三种限制线

限制线在训练中比较常见。限制线规则的效果随着限制线的不同而不同，这里对三种简单限制线做简单介绍。

射门限制线。射门限制线分为前射门限制线和后射门限制线。前者要求球员在限制线前射门，这样一来持球球员必须与球门保持一定距离，远射将会频繁地出现在训练场上。因此，该类型限制线针对的技战术一般有：远射能力、守门员（GK）扑救、限制线后球员的阵形等。

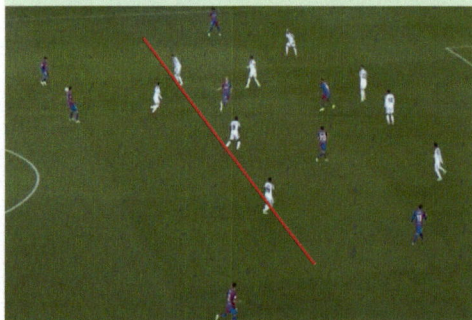

训练中的限制线是在比赛的基础上设计的

后者要求球员带球通过限制线后才能射门。后射门限制线的特点体现在两个方面：其一，球在通过限制线前需要推进；其二，球员通过限制线后射门空间有限。因此，该类型限制线针对的技战术一般有：快速射门、整体控球、封堵、进攻球员与守门员的 1v1 能力等。

传球限制线。传球限制线按出现在对应比赛场地的位置可分为纵向和横向两种。纵向的传球限制线一般设置在边路，常见于转移抢圈、小型比赛和战术训练中，它将边路球员的职责和分工明确开来，使限制线外到限制线内的传中频繁出现。横向的传球限制线出现在各种抢圈和战术训练中。由于球员必须在传球的过程中通过限制线，球员不得不提前做好与限制线以外球员的配合，所以限制线内外球员距离较短时，这种训练可以强调传接球。相对地，如果距离较长，或者通过限制线后可以射门，那么这种传球限制线与后射门限制线在性质上是一致的，都模拟了进攻时刻中从控制到发起进攻的情景转变。

防守限制线。防守限制线规则中，防守球员只能在防守限制线后活动，但是球通过防守区域的方式只有两种：带球和传球。防守球队需要封锁可能的带球路线和传球路线，使球无法通过防守球队所在的区域，这和区域防守的原理是一致的。同样地，进攻球队在使球通过防守区域之前，使球不断地在防守限制线附近移动，在保证不丢球的情况下不断地控制、转移球来寻找最佳的进攻时机，这和在高水平比赛中看到的一队将另一队压到对方半场后利用中后场不断转移球的情景基本一致。因此，防守限制线针对的技战术包括区域防守、全攻全守、渗透性传球、由控制到进攻等。

限制线是根据比赛情景设置的。除了以上三种限制线外，还有带球限制线、进攻限制线等。这些限制线可以相互结合，运用在各种有竞争或对抗的训练之中。

3.6 防守技术

防守技术与进攻技术相互配合，共同提升球员能力。基本的防守技术包括个人防守技术、多人防守技术和整条防线的防守技术。深层次的防守技术则需要教练在战术训练里讲解。

3.6.1 个人防守技术

个人防守技术包括压迫、延缓、驱赶、封堵、正面抢断、侧面抢断、拦截技巧、逼迫进攻球员使用非惯用脚等。球员必须掌握所有的个人防守技术，以应对高水平的比赛。

正面抢断

扫码观看视频

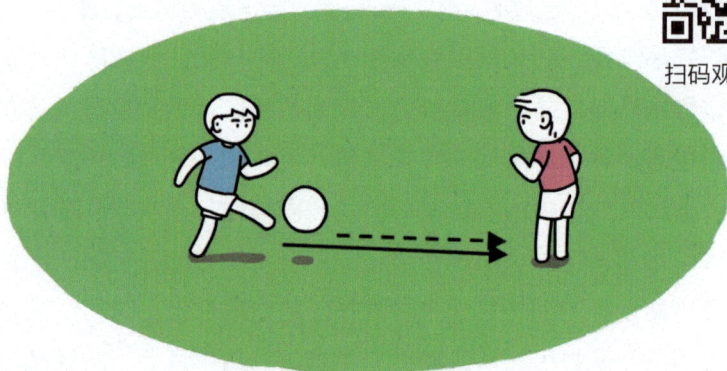

训练类别：情景模拟式训练

组织方法：两名球员为一组，一名无球为进攻球员，另一名有球为防守球员，进行以下活动

- 防守球员将球传给进攻球员，进攻球员停球后不能碰球，防守球员上前抢断球
- 防守球员将球传给进攻球员，进攻球员接球后向防守球员

带球，防守球员上前抢断球

训练要点： ①在合适的地方断球；②思考下一步

侧面抢断

扫码观看视频

训练类别： 情景模拟式训练

前置情景： 4m×10m 场地；两名球员分别站在场地短边的两角上

组织方法： 防守球员传球给进攻球员开始训练；进攻球员带球过对面边线得分，防守球员尝试破坏或者抢断球

训练要点： ①以合理的身体姿势使进攻球员只能沿边路向前；②利用身体从侧面切入将进攻球员和球分开；③如果失去了身位，则铲球

3.6.2　多人防守技术

多人防守技术包括协防、保护、平衡、夹击等，运用其旨在阻止进攻，减少进攻球员的思考时间、控球空间和处理球的路线等。除了多人防守模拟实战训练外，教练在抢圈与进攻配合训练中也可以讲解多人防守技术。

压迫、延缓并使其远离危险区域

训练类别： 情景模拟式训练

前置情景： 场地的一侧有 3 个标志门，教练站在标志门后，防守球员站在场地内传球给蓝色标志桶处的进攻球员开始比赛

扫码观看视频

球员目的：进攻球员带球过 1 个标志门得分；防守球员使球出界得分

变化与进阶：①防守球员传球的同时，教练移动至其中 1 个标志门后；②防守球员传球的同时，另一防守球员绕过标志桶后进入场地参与防守

训练要点：①弧形跑位；②观察后方；③延缓；④弯曲膝盖；⑤双脚不要平行站立；⑥诱导进攻球员前往边路；⑦迫使进攻球员使用非惯用脚；⑧侧面抢断和铲断

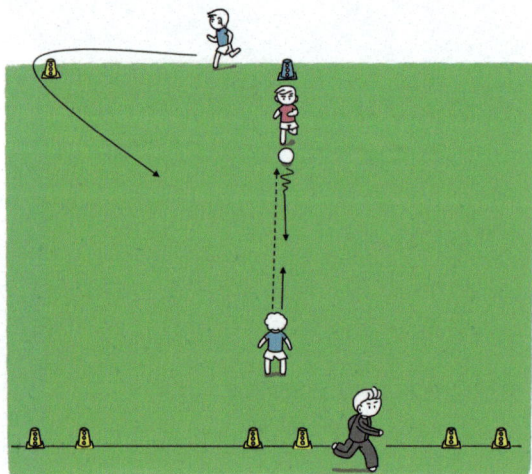

压迫与协防

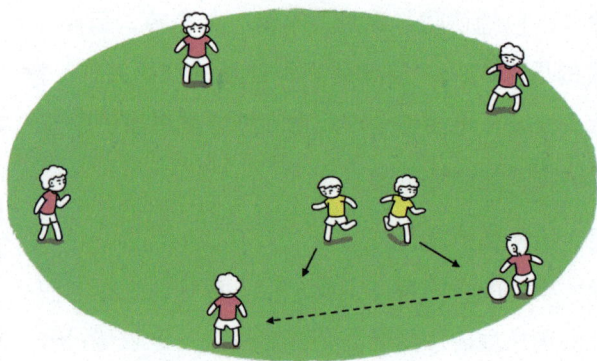

扫码观看视频

训练类别： 情景模拟式训练

前置情景： 多人抢圈，2 名防守球员

球员目的： 防守球员破坏球；进攻球员尽可能地连续传球或传出穿越防守球员的球

训练规则： 进攻球员有 2 脚触球限制

变化与进阶： 增加 1 名防守球员

训练要点： ①压迫；②协防；③双脚不要平行站立；④设置传球陷阱；⑤交流

保护

扫码观看视频

训练类别： 情景模拟式训练

前置情景： 场地内，有 2 名后卫、1 名前锋和 1 名守门员。教练作为供球手将不同高度、速度、落点、弧度的球发向防守球员头顶

球员目的： 进攻球员寻找机会夺下球权并射门得 3 分；防守球员将球传给守门员或者教练得分

训练要点：①交流；②观察进攻球员位置；③一直看着球；④提前判断；⑤保护；⑥合理的处理方式

3.6.3　整条防线的防守技术

在现代足球中，球队在比赛中的防守往往由几条泾渭分明的防线组成。在同一条防线上，球员之间的随球移动和分工都非常重要，球员之间的距离、球员的身体朝向、进攻球员进入各个球员管辖的区域时球员的反应等都是需要教练依据战术来调整的。

前场压迫

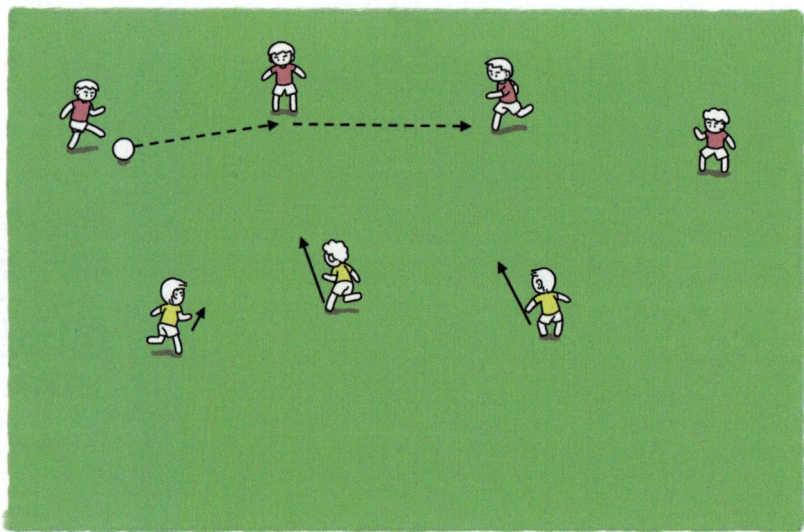

训练类别：情景模拟式训练

训练准备：4 名后卫和 3 名前锋，35m×15m 场地

训练要求：4 名防守球员来回传球；3 名进攻球员随球移动并施加压力，进攻球员不能抢球，但是可以适当移动去施加压力、补位并保持平衡

扫码观看视频

训练要点： ①施加压力、补位，并保持平衡；②当球改变位置时，球员移动；③适当的站位使球员被迫回撤支援；④球被传出时，退后补位；⑤交流

区域防守

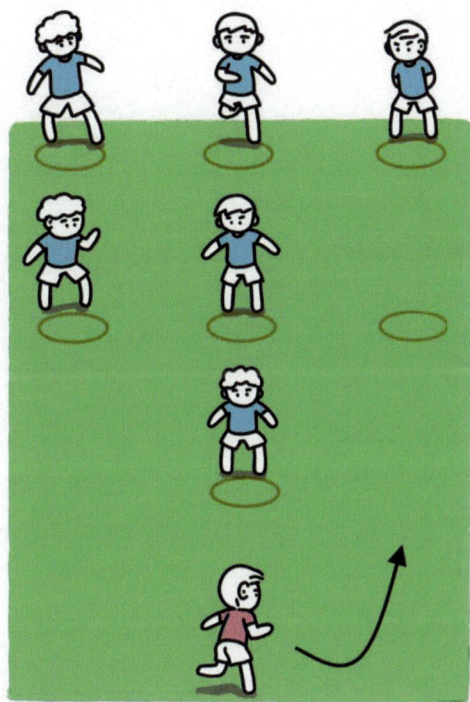

扫码观看视频

训练类别： 情景模拟式训练

训练准备： 7 个敏捷圈，6 名防守球员，1 名进攻球员

球员目的： 进攻球员踩到其中一个敏捷圈获胜；防守球员踩住敏捷圈时，进攻球员不能踩该敏捷圈，若 30 秒内进攻球员未踩到空敏捷圈，则防守球员获胜

变化与进阶： 9 个敏捷圈，7 名防守球员

训练要点： ①理解区域防守的含义；②交流；③提前预判，做好准备；④整体移动

链式防守

扫码观看视频

训练类别： 情景模拟式训练

组织方法： 4 名防守球员站成一条直线，由教练或者一名供球手发球给其中一名防守球员；防守球员上前接球，其他防守球员模拟后防线链式防守的移动

变化与进阶： ①教练与防守球员的距离拉长，传长传过顶球；②增加一名中锋；③增加一名边锋；④多个供球手处于不同位置，根据教练指令传球

训练要点： ①随球移动；②整体移动；③身体朝向

盯人防守、区域防守、链式防守和混合防守

盯人防守由 20 世纪 20 年代阿森纳主教练赫伯特·查普曼发明，通过"对子"的方法限制进攻球员。传统的盯人防守要求每一名防守球员将一名进攻球员放在自己的视野和控制范围内，并将自己置于被盯球员和己方球门之间。破解盯人防守的方法是积极地交叉换位和积极跑动以拉大空间，青少年球队可以在进行盯人防守训练之后再进行

进攻配合的训练。

　　区域防守是根据球员在球场上能够封锁的传球、带球和射门路线的范围设定的。在区域防守中，每一名球员被指定防守区域，各司其职，并在指定的范围内移动。为突破区域防守，进攻球员要利用空间，寻找防守间隙，在小范围内形成以多打少的局面。

　　链式防守起源于 20 世纪 30 年代的奥地利和意大利，要求球员之间形成高效、有组织的一整条防线。在一些意大利的防守训练中，教练甚至通过将球员捆在一根绳上来强调防线的整体移动。破解链式防守的方法是快速转边和频繁地转移以突破防守。

　　混合防守则将盯人防守和区域防守结合起来，将两种防守的优势结合起来，弥补各自的不足，是现代足球中常用的防守战术。

第 4 章

第 4 章　情景 1v1

攻守不同时
- 并联开关型
- 传接球型
- 丢球模拟型

攻守同时
- 串联开关型
- 限制线型
- 教练发球型
- 进攻完成型
- 1/2 球型

- 关于情景 1v1
- 1v1 的分类
- 第一脚触球
- 情景 1v1 训练分类表

- 场地设置分析——进攻角度
- 球员目的分析——从防守状态到比赛指令
- 四种训练分析方法之二——情景法

关于情景 1v1

维尔·科化的科化足球训练理念认为，足球比赛可以由各种形式的 1v1
组成。由科化 1v1 训练发展而来的现代足球 1v1，并非单纯的过人或者摆
脱练习，而是以各种形式的前置情景、情景转换点和后置情景来模拟比赛
中的 1v1，使球能在更贴近比赛的情景中训练 1v1 能力。教练通过改变情
景 1v1 的三个组成部分，来模拟比赛中不同的 1v1 情景。

1v1 的分类

1v1 分类方式多样，本章中按 1v1 情景中进攻球员情景转换点的
不同进行分类。

情景转换点按进攻球员和防守球员切换时间是否一致分为攻守不
同时和攻守同时。攻守不同时包括并联开关型、传接球型和丢球模拟
型，攻守同时则分为串联开关型、限制线型、教练发球型、进攻完成
型和 1/2 球型。

第一脚触球

鉴定球员个人的能力的标准是什么？一些教练认为善于带球、过
人、传球就代表球员个人能力强，这是完全错误的。

第一脚触球能力是鉴定球员个人能力的最重要的标准，从球员的
第一脚触球，不仅能看出球员对球的控制能力，还能看出球员对足球
比赛的理解程度。

第一脚触球不仅仅是触球动作，它包括球员接球前合理的位置与跑
动、接球前的观察、对场上情况的思考、对比赛走势的预判、球员接

下来的处理等。第一脚触球几乎贯穿所有的技术、战术和比赛要求中。

情景 1v1 训练分类表

时间顺序		不同时			同时			
情景转换点	进攻 防守	并联开关	传接球	丢球模拟	串联开关	限制线	教练发球	进攻完成	1/2 球

4.1 攻守不同时

4.1.1 并联开关型

当情景转换点为并联开关型时，进攻球员和防守球员的前置情景、后置情景和情景转换点都是不同、相互独立且互无关联的。防守球员能否成功完成前置情景，不影响进攻球员的后续动作。

并联开关型强调球员的身体素质、第一脚触球能力和带球速度。

并联开关型 1

训练类别：情景再现式训练

场地设置：球场中央摆放呈三角形的 3 个标志盘，球在位于球场中轴线的标志盘后侧

前置情景：进攻球员与防守球员手牵手位于红色标志盘处，两人分开后同时出发，进攻球员绕过黄色标志盘，防守球员前往蓝色标志盘

情景转换点：进攻球员触球；防守球员绕过蓝色标志盘

后置情景：进攻球员和防守球员分别进攻和防守场地一侧的球门

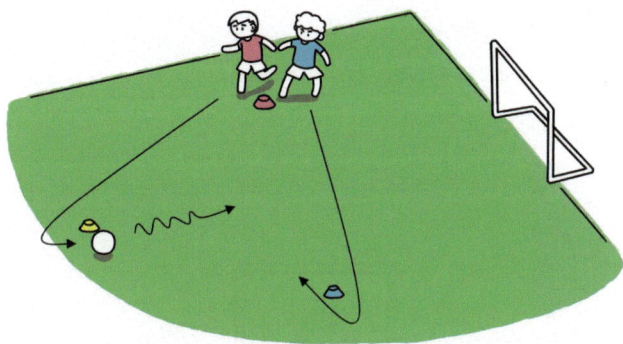

并联开关型 2

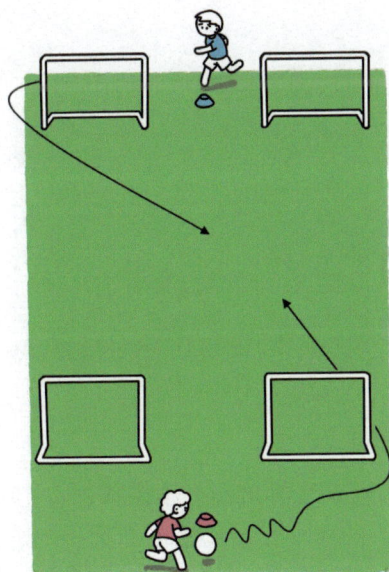

扫码观看视频

　　训练类别： 情景再现式训练

　　场地设置： 9m×12m 矩形区域，场地两侧各设置两个球门，两个球门后摆放一个标志盘

　　前置情景： 进攻球员持球从红色标志盘后出发绕过本方的任一球门；进攻球员触球的同时防守球员出发，防守球员绕过与进攻球员绕过的球门对角的球门

情景转换点：进入场地

后置情景：双方球员分别进攻对面的球门

变化与进阶：绕过左侧球门

并联开关型 3

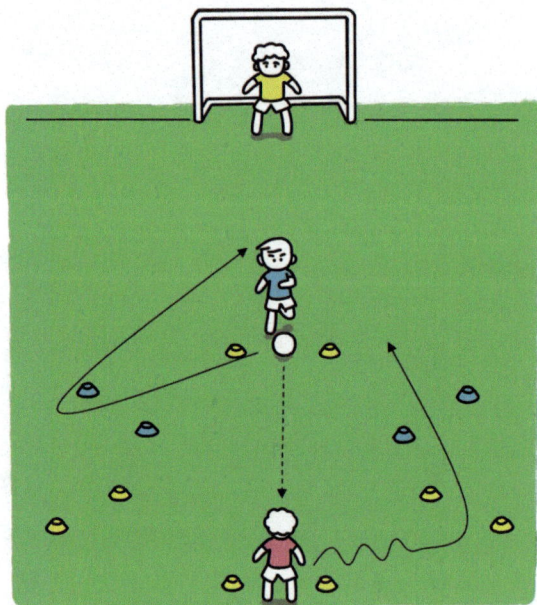

训练类别：情景再现式训练

训练准备：球场内有 6 个标志门如图摆放，2 个为蓝色标志门，4 个为黄色标志门；防守球员持球站在球场中央的标志门处，进攻球员站在与防守球员相对的标志门的后侧；防守球员后侧有守门员把守球门

前置情景：防守球员将球传给进攻球员；进攻球员接球时选择一个方向 1 次触球后往该方向的黄色标志门带球；防守球员根据进攻球员的第一脚触球方向前往与之方向相反的蓝色标志门

情景转换点：进攻球员通过黄色标志门；防守球员通过蓝色标志门

后置情景：进攻球员和防守球员分别进攻和防守由守门员把守的球门

并联开关型 4

训练类别： 情景再现式训练

训练准备： 球场中线上摆放 2 个标志门，球场两侧分别摆放 2 个球门，2 个球门之间摆放 2 个标志桶，蓝队球门线中央额外有 1 个标志桶；开始时有 A、B、C 共 3 名球员，A 持球站在本方球门线中央，B 在场地中点处面对 A 站立，C 站在本方球门线中央标志桶后

前置情景： 球员 A 将球传给 B，B 接球后向任意一黄色标志门（选择方向后不能改变）带球；C 在 B 接球的一瞬间起动，绕过身前与 B 选择的标志门方向相反的标志桶

情景转换点： B 通过标志门，C 进入场地

后置情景： 进攻和防守球门线上的球门

变化与进阶： ①D 与 B 背对背站立，在 B 接球的一瞬间起动，跑过另一个标志门后与 B 形成 1v1；②C 与 D 同时防守，与 B 形成 1v2；③A 传球后经过 D 跑过的标志门后与 B、C、D 形成 2v2

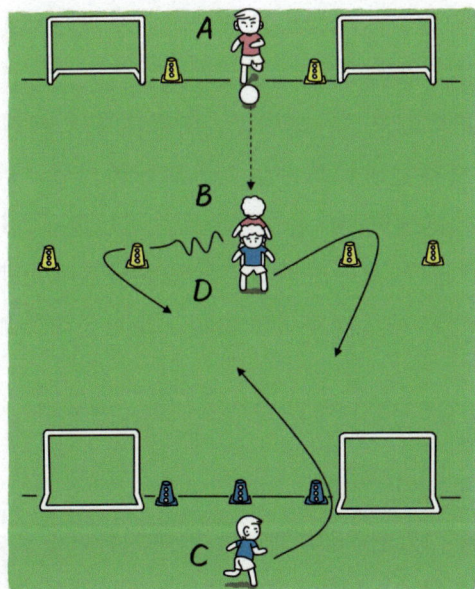

扫码观看视频

并联开关型 5

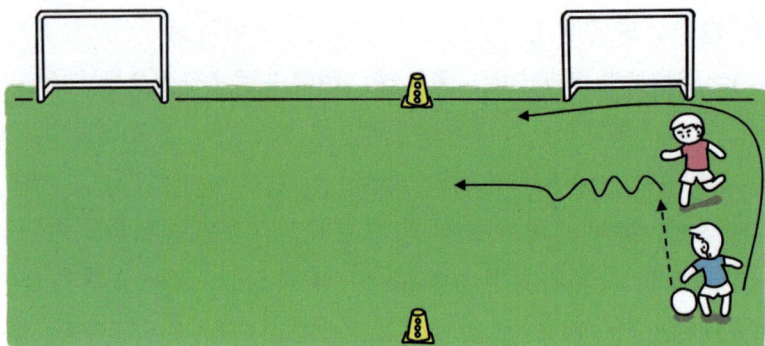

训练类别： 情景再现式训练

训练准备： 4m×12m 区域，场地长边的一侧摆放 2 个小球门；进攻球员与持球的防守球员位于场地窄边的一侧，两者相距 2m，进攻球员靠近小球门；场地中线附近靠近球员一侧的位置设置黄色标志桶组成的限制线，该限制线与中线相距 1~2m

前置情景： 防守球员传球给进攻球员，再从进攻球员身后绕到其另一侧；进攻球员做好接球准备

情景转换点： 进攻球员第一脚触球；防守球员从进攻球员身后绕过

后置情景： 防守球员破坏球并阻止进攻球员得分；进攻球员在带球通过限制线前只能进攻远端球门，通过限制线后可以进攻近端球门

训练要点： ①积极的第一脚触球；②迫使进攻球员带球向边路；③降低重心，护球；④进攻球员掩盖带球意图；⑤防守球员加速进入对手侧面及后面的空间

并联开关型 6

训练类别： 情景再现式训练

训练准备： 9m×12m 矩形场地，场地两侧各设置 2 个球门，2 个球门之间各摆放 1 个标志桶；2 名球员持球站立在位于球场中线与边线连线处的

标志盘的两侧；教练持球站在场地对面

　　前置情景： 教练发出指令后，两名球员同时带球出发，分别绕过己方
球门间的标志桶后射另一侧的任一球门

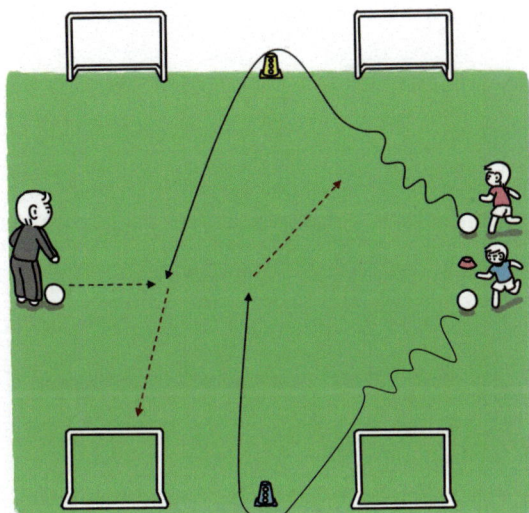

扫码观看视频

　　情景转换点： 率先进球的球员接教练传球的一瞬间；较晚完成射门的
球员完成射门的一瞬间

　　后置情景： 接教练传球的球员成为进攻球员，进攻与原来进攻方向相
反的两个球门；另一名球员防守与原来进攻方向相同的两个球门，进攻与
原来进攻方向相反的两个球门

场地设置分析——进攻角度

　　进攻角度是指，在 1v1 中，持球球员可以选择的进攻方向所组成的夹
角。这个夹角的大小是由场地的形状、大小和球员目的、距离等共同决定的。
进攻角度决定了持球球员在面临防守球员施加的压力时，所采用的个人
技术。

当进攻角度在 90 度 ~180 度时，球员利用原地控球技术就可以摆脱对手并完成球员目的。因此，原地控球技术出现的频率将会较高，例如本章中的"并联开关型 5""接球型 2""1/2 球型"，第 6 章中的三个综合型比赛等。

而当进攻角度在 90 度以内时，球员需要利用各种过人技术到达对手身后才能得分，单靠原地控球技术是不够的，例如本章中的"并联开关型 1"等。在正式比赛中，我们能从边路球员身上看到各种不同的过人动作，而从中路球员脚上可以看出各式各样的控球技术，形成这种现象的一部分原因也是进攻角度不同。此外，对进攻角度的研究还可以从 1v1 的个人技术拓展到多人对抗的整体战术中。

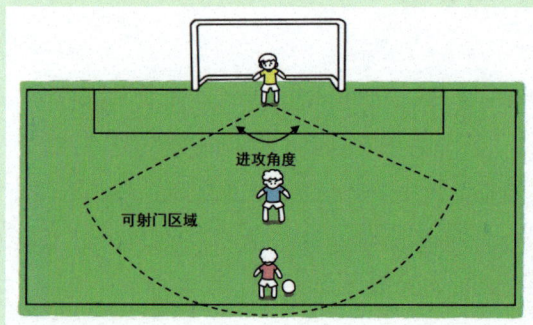

4.1.2　传接球型

以接球作为进攻球员的情景转换点的 1v1 中，比赛一般从防守球员或者第三方传球开始，前置情景中往往有传接球的过程。

这种类型的情景 1v1 中，对组成前置情景的传接球的质量、速度、方向都会有所要求，传接球并不是随意的。

接球型的重点首先是进攻球员的第一脚触球能力，其次才是过人技巧和能力，有些训练中甚至强调球员运用第一脚触球直接过人。

传接球型 1

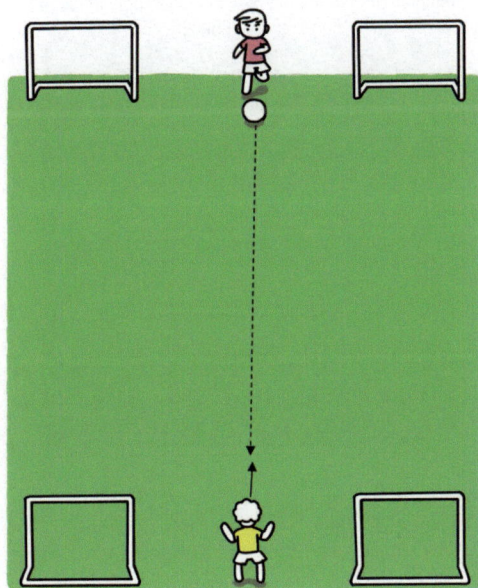

训练类别：情景再现式训练

训练准备：在 9m×12m 矩形场地内 4 个角摆放球门；进攻球员和持球的防守球员面对面站在两个球门之间

前置情景：防守球员将球传向进攻球员

情景转换点：防守球员发球与进攻球员触球的一瞬间

后置情景： 双方球员进攻对面的球门

变化与进阶： 双方球员调整初始位置

传接球型 2

训练类别： 情景再现式训练

场地设置： 5 人制足球场

前置情景： 两名球员在中线上相距 4m 以 1 次触球的形式相互传球

情景转换点： 教练吹哨后，接球方成为进攻球员并进攻 2 个球门，传球方成为防守球员

后置情景： 进攻球员选择任一球门进攻（选择后不能改变），防守球员抢下球后与进攻球员交换角色

变化与进阶： ①传高空球；②增加守门员；③2 个大球门变成 4 个小球门

传接球型 3

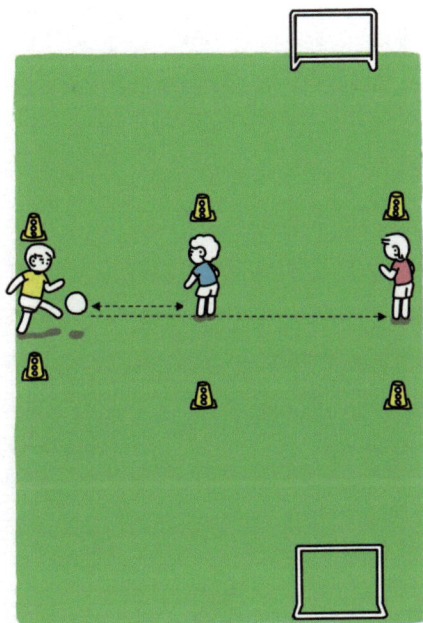

扫码观看视频

训练类别：情景再现式训练

训练准备：场地内有标志桶组成的 3 个球门，两大一小，大球门宽 4m，小球门宽 2m，3 个球门之间两两相距 6m；一名供球手位于场地边界处的小球门线上，防守球员站在中间的大球门线上，进攻球员站在场地另一侧的大球门线上；场地两侧各设置 1 个球门，相距 16m

前置情景：开始时供球手与防守球员相互传球，完成 3~6 次传球后供球手经防守球员裆下传球给进攻球员

情景转换点：进攻球员接球的一瞬间；球穿过防守球员裆下的一瞬间

后置情景：进攻球员接球后进攻任一球门；防守球员破坏球

变化与进阶：①防守球员两侧标志桶的距离缩短，防守球员传给供球手后绕过身侧任一标志桶后参与防守；②防守球员站在供球手位置以不同方式（传地滚、手抛半高空球等）传球给进攻球员后防守

传接球型 4

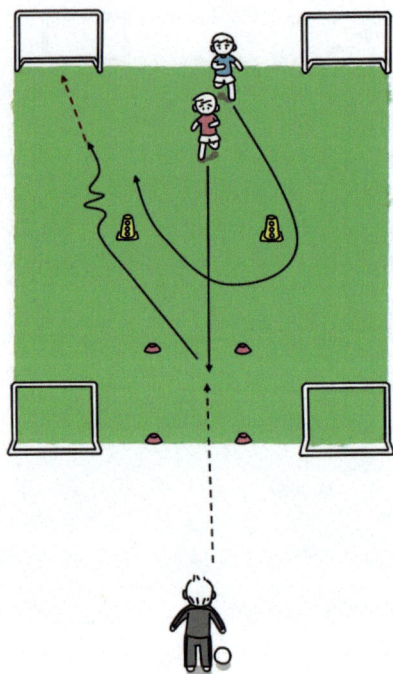

扫码观看视频

训练类别： 情景再现式训练

训练准备： 12m×16m 矩形场地，场地两侧各设置 2 个球门，球场中央摆放一对相距 6m 的标志桶；2 名球员前后站立，位于场地一侧的球门线后，另一半场的球门线上设置了边长为 4m 的正方形接球区域，教练位于与场地相距 5m 的位置供球

前置情景： 教练发出指令后，2 名球员同时出发，进攻球员进入接球区域接球；防守球员绕过任意一个标志桶

情景转换点： 进攻球员接教练传的一瞬间；防守球员绕过标志桶的一瞬间

后置情景： 进攻球员接球后进攻原球门线上的 2 个小球门；防守球员进入防守状态，截球后进攻靠近教练的 2 个小球门

4.1.3　丢球模拟型

在丢球模拟型的 1v1 中，进攻球员将成功抢断的一瞬间作为情景转换点，而防守球员以察觉丢球的可能作为情景转换点，两个情景转换点可能是同时的，也可能是不同时的，这里介绍不同时的情景转换点。

丢球模拟型训练模仿了比赛中攻守转换的过程，可以强化球员利用对方的失误获得进攻机会继而抓住机会得分的能力。

丢球模拟型 1：错误转身后的 1v1

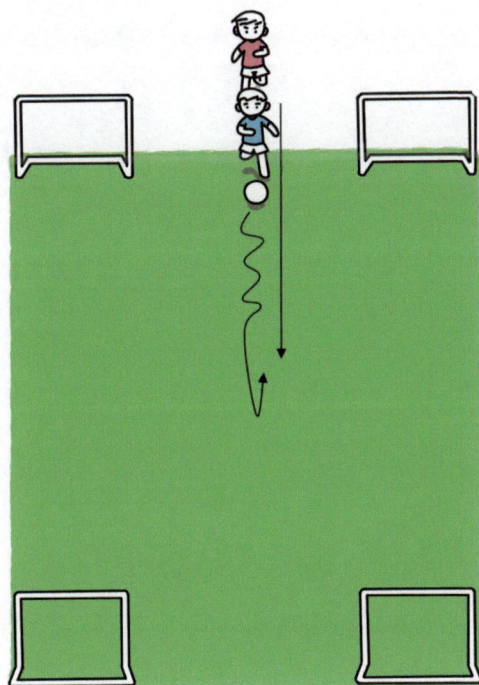

训练类别： 情景再现式训练

训练准备： 在 9m×12m 矩形场地内 4 个角摆放球门；防守球员持球位于进攻球员的球门线上，进攻球员位于防守球员身后

前置情景： 防守球员向另一侧球门线带球，进攻球员跟在防守球员身

后，对手转身后进攻球员抢球并进攻对面 2 个球门

情景转换点： 防守球员完成带球转身；进攻球员抢球

后置情景： 双方球员进攻对方球门线上的 2 个球门

丢球模拟型 2：守门员给对手发球

扫码观看视频

训练类别： 情景再现式训练

场地设置： 5 人制半场

前置情景： 守门员发球门球时，将球给对手

情景转换点： 进攻球员抢断球的瞬间；与进攻球员相邻一侧的防守球员察觉守门员失误的一瞬间

后置情景： 进攻球员进攻守门员把守的球门；防守球员使球出界

变化与进阶： ①守门员提供不同速度、角度、高度的球；② 1v2，2 名防守球员均参与防守；③ 2v2；④不同的接球位置

训练要点： ①压迫；②延缓；③驱赶；④协防；⑤封堵；⑥截球方向；⑦截下球后的第一脚触球

4.2　攻守同时

4.2.1　串联开关型

当情景转换点为串联开关型时，进攻球员和防守球员的情景转换点是相同、相关联且不独立的。球员能否成功完成前置情景，影响对方球员的后续动作。

串联开关型前置情景的要求较其他类型的 1v1 低，训练内容简单，强调对 1v1 技术的理解而非应用，适合初学者。

串联开关型 1：利用假动作

训练类别：情景再现式训练

场地设置：5 人制半场，1 名守门员，中场线上摆放 1 个红色的标志盘，与其相距 1m 处的球场内靠近边界的位置摆放 1 个蓝色的标志盘

前置情景：进攻球员持球在蓝色标志盘处，防守球员在红色标志盘处；进攻球员触球前可以做假动作，如防守球员离开标志盘且进攻球员没有触球，防守球员必须尽快回到原位

情景转换点： 进攻球员触球

后置情景： 进攻球员进攻大球门；防守球员破坏球（或进攻同一球门）

训练要点： ①尝试各种假动作；②观察对手；③第一脚触球；④加速摆脱

串联开关型 2：观察防守球员意图

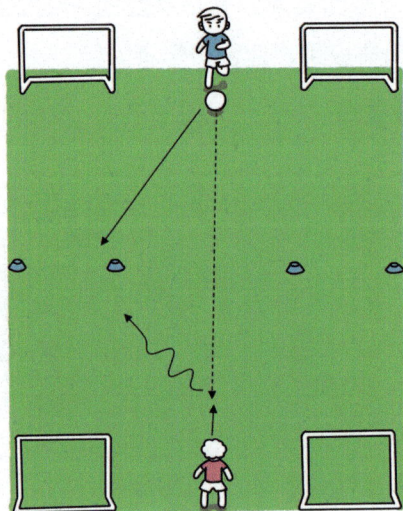

扫码观看视频

训练类别： 情景再现式训练

场地设置： 9m×12m 矩形区域，4 个小球门，中线上 2 个与边界相邻的标志门

前置情景： 持球的防守球员和进攻球员分别位于己方球门线中点处；防守球员将球传给进攻球员，进攻球员持球出发的同时防守球员出发；防守球员在进攻球员持球进入本方半场前不能越过中线；进攻球员在带球过其中一个标志门之前不能进入对方半场，也不能射门；防守球员用手按住组成其中一个标志门的标志盘时，进攻球员不能从该标志门通过

情景转换点： 进攻球员带球通过其中一个标志门

后置情景： 防守球员和进攻球员分别进攻对手球门线上的球门

串联开关型 3：内切与下底技巧

扫码观看视频

训练类别： 情景再现式训练

场地设置： 9m×12m 矩形场地；4 个小球门；中线上 2 个与边界相邻的标志门

前置情景： 进攻球员和防守球员持球分别站在球场中线与边界交点两侧靠近本方球门的位置

情景转换点： 进攻球员触球后比赛开始

后置情景： 进攻球员射防守球员那一侧的 2 个小球门，射门前必须带球过 1 个标志门；防守球员抢断后进攻原进攻球员那一侧的 2 个小球门

变化与进阶： 变化位置使进攻球员用非惯用脚带球

串联开关型 4：转身技巧

训练类别： 情景再现式训练

场地设置： 在 4m×4m 球场 4 个角摆放球门

前置情景： 进攻球员双脚分开，面对场地站立在球门线中央，球在进攻球员双脚之间；防守球员站在进攻球员后方

情景转换点： 防守球员从进攻球员后方将球向前踢出开始比赛（注意踢球力度，不能直接将球踢进球门得分）

后置情景： 进攻球员进攻后方 2 个球门；防守球员得球后进攻前方 2 个球门

训练要点： ①利用身体；②带球转身技巧

串联开关型 5：正面突破技巧

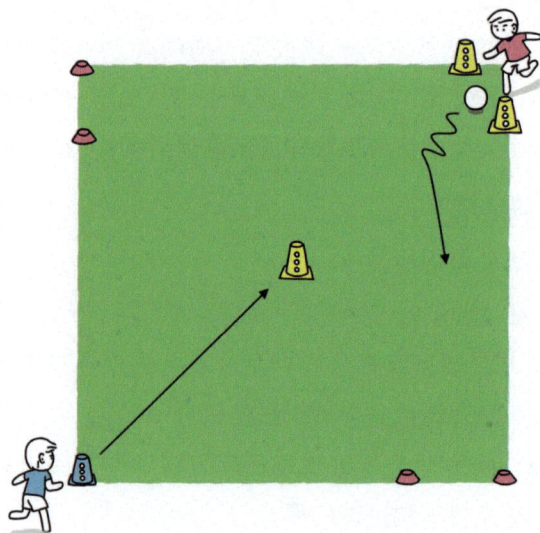

训练类别： 情景再现式训练

场地设置： 在 10m×10m 正方形场地摆放 4 个标志桶和 4 个标志盘

前置情景： 防守球员站在球场一角标志桶后侧等待，进攻球员持球在球场相对一侧的标志门后

情景转换点： 防守球员进入场内，用手触碰到中间的标志桶后开始比赛

后置情景： 进攻球员带球通过两个标志盘组成的球门得分；防守球员得球后使球出界

球员目的分析——从防守状态到比赛指令

防守状态用来描述防守球员的侵略性程度。例如，有些时候教练在正式比赛中对球员提出"上抢""不要出脚"等动作上的指令，虽然是不合理的，但也表达了对球员防守状态的要求。

那么，这些指令为什么不合理呢？防守状态是防守技术的一部分。所有技术、战术都应该是通过训练在比赛中展现的，而不是通过语言。恰当的训练中设置了接近比赛的情景，使球员根据实际情况自行判断应该采用哪一种防守状态，最终形成合理的条件反射，教练指令不应该是球员采取行动的神经反射条件。长期进行不合理的指挥，不仅会使球员难以集中注意力，还会使其丧失自主思考能力、对教练产生依赖心理。

那比赛中教练可以设置怎样的指令呢？"不要擅自离开你的活动范围""我希望你在比赛中得分""防守时紧跟对方的 10 号球员"，这些比赛指令虽然看似比较笼统，但向球员表达了完整的教练目的和球员在球队战术中的角色，这种针对比赛实际情况下达指令的练习是训练中无法完全练习到的。此外，比赛指令常常应用于球员之间的竞争，让球员能直观地看到自己与在球队中处于相同位置的竞争对手之间的差距，增强球员的进取心。

4.2.2　限制线型

限制线型 1v1 将各种形式的限制线规则作为进攻球员和防守球员进入进攻或者防守状态的情景转换点。

限制线型 1v1 的特点和重点会根据限制线的不同而不同，教练可以根据不同限制线的特点来理解该类型 1v1 的运用。

限制线型 1

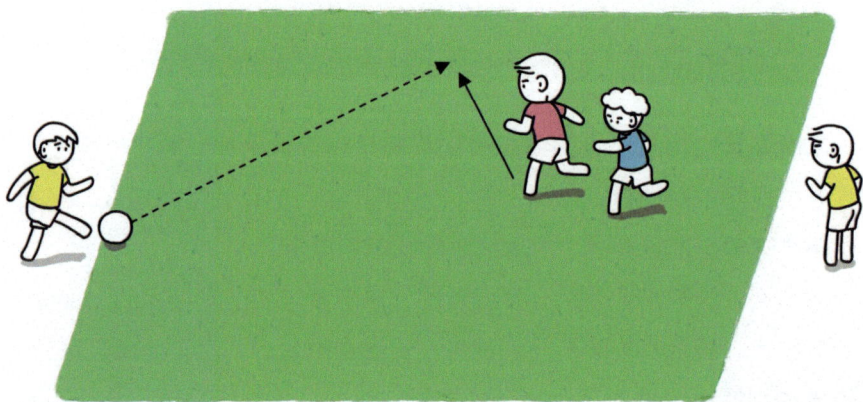

训练类别： 情景再现式训练

场地设置： 12m × 18m 矩形场地

前置情景： 1v1+2 名自由人，2 名自由人位于场地两侧，其中 1 名自由人持球

扫码观看视频

情景转换点： 自由人在场地外传球给场地内，在球进入场地的一瞬间比赛开始

后置情景： 进攻球员接球后转身传给另一名自由人；防守球员截下球后与进攻球员互换角色；自由人将球回传给传球给他的球员；循环继续

训练要点： ①形成正面 1v1 的意识；②通过移动创造空间；③引导球员转身；④接球时的触球部位；⑤隐藏意图；⑥弯曲膝盖

限制线型 2

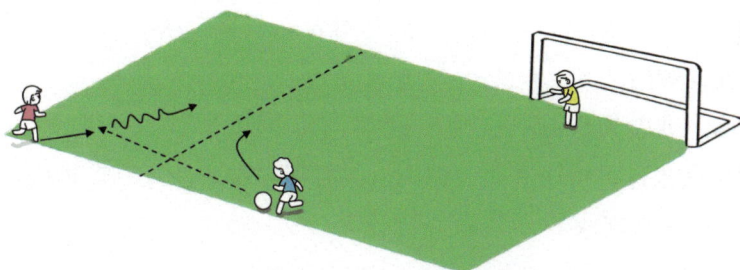

扫码观看视频

训练类别： 情景再现式训练

场地设置： 12m × 18m 矩形场地，场地一角设置大球门，场地上设置防守限制线，1 名守门员

前置情景： 进攻球员位于场地另一角，防守球员持球位于离进攻球员 12m 处

情景转换点： 防守球员传球给进攻球员，在球传出去的一瞬间比赛开始

后置情景： 进攻球员持球进攻大球门；防守球员能越过限制线抢球；防守球员得球后将球踢出界

训练要点： ①假动作；②移动创造空间；③侧身逼抢

限制线型 3

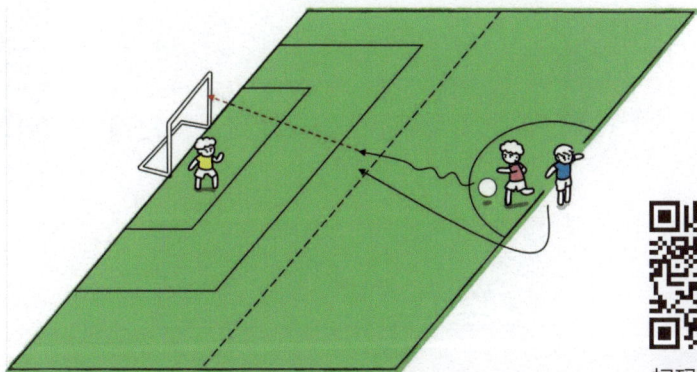

扫码观看视频

训练类别：情景再现式训练

场地设置：半场 7 人制球场，大禁区前沿线为射门限制线

前置情景：进攻球员持球与防守球员背对背站于整个球场的中点处，其中进攻球员面向球门

情景转换点：进攻球员带球进攻的一瞬间

后置情景：进攻球员持球进攻大球门，但必须在带球过射门限制线后才能射门；防守球员截到球

训练要点：①观察；②利用身体卡位；③射门前调整

4.2.3　教练发球型

与其他情景切换不同的是，教练发球型能够模拟出比赛中会出现但常规训练中很难出现的情景。通过教练指定的、未达到球员预期的传球和发球来训练，前置情景可以充满不确定性，更贴近比赛。

教练发球型 1

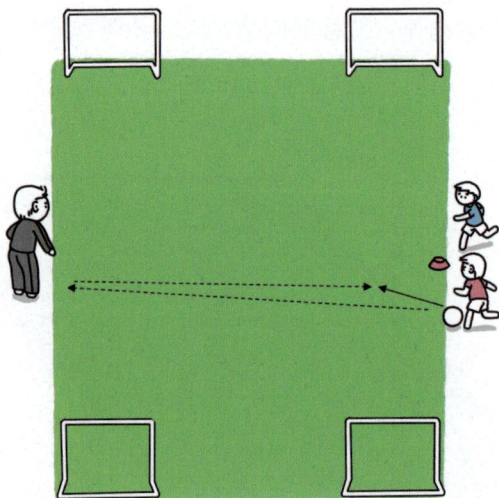

扫码观看视频

训练类别：情景再现式训练

训练准备： 9m×12m 场地，4 个小球门，场地中线一侧摆放 1 个标志盘，教练站在另一侧

前置情景： 进攻球员持球与防守球员分别站在球场中线与边界相交处的标志盘两侧；进攻球员将球传给教练

情景转换点： 教练将球回传给进攻球员

后置情景： 进攻球员进攻另一侧的 2 个球门；防守球员截球后进攻相反的 2 个球门

教练发球型 2

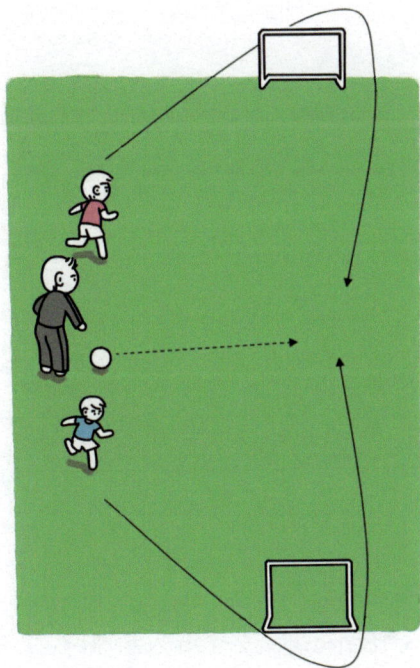

训练类别： 情景再现式训练

场地设置： 5 人制球场

前置情景： 教练站在球场中线与边界交界附近，2 名球员站在教练两侧准备；教练发出指令后，球员分别绕过同侧球门后进入场地；教练选择时

机发球，在球停止滚动前球员不能触碰球

情境转换点： 球停止滚动

后置情景： 持球球员进攻任意 1 个球门

变化与进阶： ①教练抛高空球，球弹跳 2 次前（或者停止弹跳前）球员不能触碰球；②增加守门员

训练要点： ①张开并利用身体感受对手位置；②观察；③掩饰意图

教练发球型 3

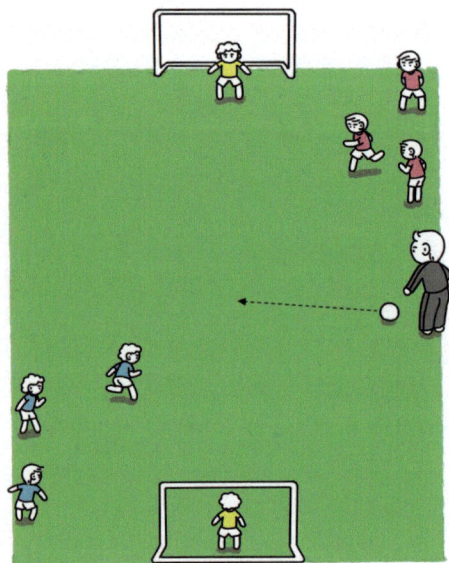

扫码观看视频

训练类别： 情景再现式训练

训练准备： 12m×18m 场地，2 个 5 人制球门，2 名守门员；教练站在球场中线与边界交界处；球员分成两队，教练给球员编号

前置情景： 球员分为两队在场地相对一角准备；教练报号后，相同号码或者指定号码的球员出列

情景转换点： 教练发球

后置情景： 球员抢球并进攻相对的球门

变化与进阶： ①更换准备姿势，如双脚并拢背对场地坐、平板支撑、全身躺卧等；②更换球员初始位置

训练要点： 不仅是身体姿势上的准备，而且是精神、心态、注意力上的准备

教练发球型 4

训练类别： 情景再现式训练

训练准备： 7 人制球门，1 名守门员；球门前摆放两种颜色的标志桶，每种颜色的 3 个

前置情景： 两名球员在教练发出指令后同时出发，绕过 3 个标志桶后向球门移动

扫码观看视频

情景转换点： 教练选择时机发球

后置情景： 先绕过 3 个标志桶的球员持球进攻球门，后绕过的球员回追防守

训练要点： ①快速带球射门；②利用身体

教练发球型 5

训练类别： 情景再现式训练

训练准备： 7 人制球门；1 名守门员，1 名后卫，1 名前锋；教练站在距球门 25m 处

前置情景： 前锋和后卫站在教练和球门之间，有越位规则

情景转换点： 教练发球

后置情景： 后卫和前锋争球；前锋抢下球后射门得分；后卫抢下球后传给教练或者通过回传给守门员，再传给教练得分；将球踢出界不得分

训练要点： ①守门员给后卫有效的指令；②后卫观察前锋位置；③后卫判断球的落点；④后卫使前锋不能轻易转身

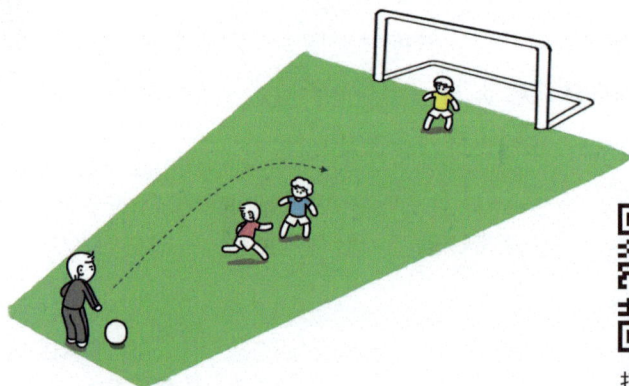

扫码观看视频

教练发球型 6

扫码观看视频

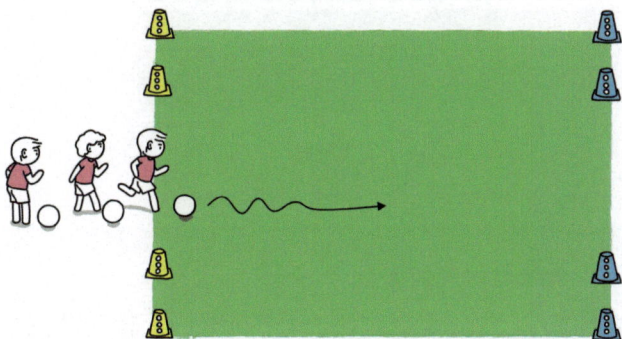

训练类别：情景再现式训练

训练准备：球场内摆放 2 列不同颜色的等距的标志桶；教练站在场地一侧的中点处，2 名球员分别站在教练的两侧

前置情景：教练报数字 n（1~4），球员出发绕过同侧的第 n 个标志桶

情景转换点：教练选择时机发球

后置情景：双方球员形成 1v1，击倒对方标志桶得分

变化与进阶：①教练发不同形式的球；②将两个同色标志桶视为 1 个球门，带球过对方球员未跑过的 2 个球门得分；③球停止滚动前球员不能碰球

4.2.4　进攻完成型

进攻完成型以进攻完成作为进攻球员和防守球员的情景转换点。这里的进攻完成指球员持球进入场地后完成射门、球出界、球员进入下一个区域或者被抢断球后被进球。

进攻完成型通过由攻转守的过程来增强球员的攻防转换能力和意识。

进攻完成型 1

训练类别：情景再现式训练

场地设置：9m×12m 矩形区域，4 个标志门

前置情景：球员每人一球在黄色标志门线后侧等待；第

扫码观看视频

121

一名进攻球员带球通过两个蓝色标志门，随后成为防守球员

情景转换点： 上一名球员完成进攻时，下一名进攻球员带球出发

后置情景： 进攻球员进攻 2 个蓝色标志门，同时原进攻球员成为防守球员并进攻黄色标志门；带球过球门得分；循环进行

变化与进阶： ①持球球员更换出发点；②由处于场地一侧的教练发球

进攻完成型 2

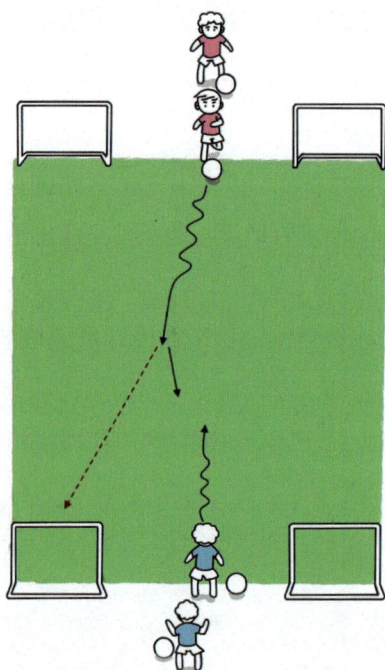

扫码观看视频

训练类别： 情景再现式训练

训练准备： 9m×12m 矩形区域，4 个小球门；球员分成 2 队，每人 1 球在各自的球门线后侧等待

前置情景： 其中一队的第一名球员出发射对面的 2 个球门

情景转换点： 对手完成进攻的同时，己方的球员持球进入场地

后置情景： 持球球员进攻对面球门线上的两个球门，原己方进攻球员

成为防守球员；对手完成进攻后，留在场上的己方球员带球，前往对手队列后排队；循环进行

　　变化与进阶： 大球门，有守门员，球员从各自球门的一侧出发

进攻完成型 3

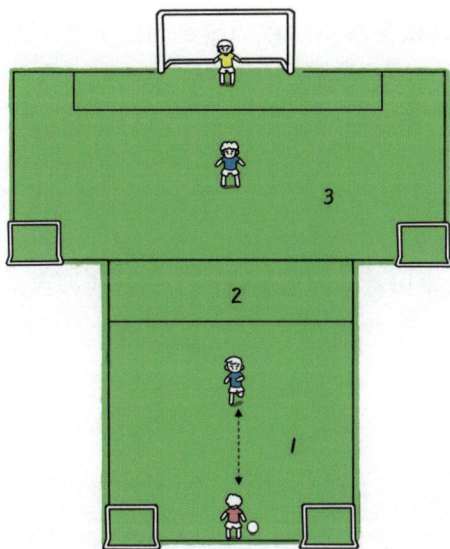

扫码观看视频

　　训练类别： 情景再现式训练

　　场地设置： 场地内共有 3 块区域，按照离大球门的距离分为 3、2、1 号区域；其中 1、2 号区域在大禁区前沿，3 号区域在大禁区内

　　前置情景： 2 名防守球员、1 名守门员，其中 1 名防守球员在 1 号区域防守，另一名防守球员在 3 号区域防守，守门员防守大球门；进攻球员在 1 号区域的小球门线上持球，将球传给处于 1 号区域的防守球员，该防守球员回传后与之 1v1；进攻球员带球进入 2 号区域后，1 号球员结束防守状态；进攻球员快速通过 2 号区域

　　情景转换点： 进攻球员进入 3 号区域

后置情景： 进攻球员与处于 3 号区域的防守球员进行 1v1 后射大球门；各区域的防守球员截球后将球射入该区域一侧的 2 个小球门得分

训练要点： ①第一脚触球；②做好准备；③保持球的移动；④丢球反抢

4.2.5　1/2 球型

在比赛中，特别是在低水平、低年龄的比赛中，经常会出现球权不属于任何人或者说两队球员获得球权的概率为二分之一的情景，称为二分之一球。在根据二分之一球情景设计的 1/2 球型 1v1 中，理论上球员获得球权的概率是二分之一，但因为球员在场上的反应速度、跑动速度、准备状态的不同会出现不同的情况。教练应尽力使能力接近的球员进行 1v1 训练，使训练更贴近比赛中的 1/2 球情景。

1/2 球型训练常常以教练发出的指令为情景转换点，能提升球员处理比赛中的 1/2 球的能力。

1/2 球型 1

训练类别： 情景再现式训练

场地设置： 5 人制球场

前置情景： 2 名球员对立而坐，双腿向前伸直，同时用双脚脚掌抵住球

情景转换点： 教练发出指令

后置情景： 球员起身抢球后进攻任意 1 个球门，直至进球或者球出界

1/2 球型 2

训练类别：情景再现式训练

场地设置：5 人制球场；球场中点放置 1 个球，在球场中轴线上放置 2 个标志盘，2 个标志盘相距 2m

前置情景：标志盘处各站 1 名球员，教练发出以下指令，球员根据指令完成动作

- 原地高抬腿 4 次
- 前后小碎步 2 次
- 左右小碎步 2 次
- 绕盘小碎步 1 次
- 原地小碎步转圈
- 球

情景转换点： 教练员发出"球"的指令

后置情景： 球员争抢球后进攻任意 1 个球门，直至进球或者球出界

训练要点： ①判断谁能第一次触球；②观察对手的意图；③带球空间

1/2 球型 3

训练类别： 情景再现式训练

场地设置： 12m×12m 矩形区域，4 个标志门，4 个小球门

前置情景： 2 名球员站在球场中央，用各自的背部夹球准备

扫码观看视频

情景转换点： 教练发出指令后

后置情景： 球员争抢球，带球过任意标志门后才能射门，可以射任意一个小球门得分

训练要点： ①加速摆脱；②观察对手

四种训练分析方法之二——情景法

　　情景是什么？情景是人、人的目的、人所处的环境的有机结合，它是分析人的行为的重要依据。

　　情景法是元素法的进阶版本。其与元素法的不同之处在于：元素法将一节训练看成一个情景，对一个情景的结构进行单独分析；而情景法把一节训练分为多个有时间顺序的情景，分析这些情景之间的转变及其带来的影响。

　　比赛中的一个技术动作或者战术的执行并不是在同一个条件下完成的。考虑到技战术运用之前（或之后）球员的目的、面临的场景，在训练中对一个特定的时间节点设置的与比赛贴近程度不一的附加练习，被称为前置情景（或后置情景）。例如第 2 章的绕 8 字式绕桶的训练中，在完成接球射门之前，球员完成了一段敏捷练习和一段绕 8 字桶练习，而这两段练习可以看成接球射门动作的前置情景。这种以身体素质或球性球感为前置情景的训练非常常见。训练中情景的相互转变，不是两种训练的简单结合，它在提升训练趣味性的同时，还模拟了比赛中在完成技术动作前后注意力的转移和身体机能状态的变化，可以更好地为参与比赛做准备。

　　训练中的情景转换建立在实际比赛中的情景转换之上。足球战术训练中的四大时刻就是运用了情景法将比赛分为四种情景：进攻、防守、由守转攻和由攻转守，然后基于这四种情景来设计训练。同样地，还可以对比赛进行更详细的情景分类，例如混乱情景、控制情景、1v1情景、以多打少、1/2 球等，然后利用规则将这些情景有效结合起来，设计更具有针对性、更符合神经反射机制的训练，最终使球员熟悉比赛中这些情景的转换，并能够主动把对球队不利的情景转换成对球队有利的情景。

第 5 章 控球与配合

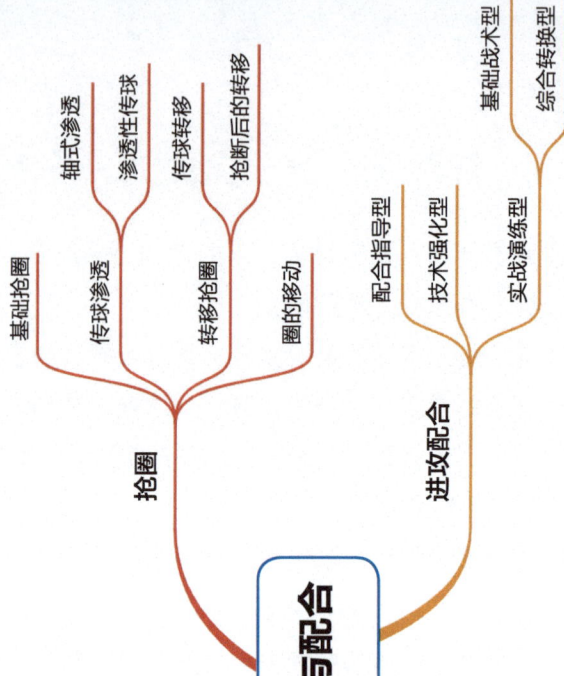

抢圈

- 基础抢圈
- 传球渗透
  - 轴式渗透
  - 渗透性传球
- 转移抢圈
  - 传球转移
  - 抢断后的转移
- 圈的移动

进攻配合

- 配合指导型
- 技术强化型
  - 基础战术型
  - 综合转换型
- 实战演练型

- 关于控球与配合
- 关于交流
- 接球引导和传导引导
- 控球与配合训练分类表

- 关于抢圈
- 抢圈传球的三个级别和诱导传球
- 抢圈防守的三个级别
- 训练规则分析——触球次数限制与传球次数限制
- 球员目的分析——防守球员目的
- 四种训练分析方法之三——元素法

关于控球与配合

如果将不断进行传接球的一整个球队或一块区域内的球员看成一个整体，不断传球的目的有且只有两种，一种是控制球权并控制比赛节奏，另一种则是将球队整体和球向前推进。基于这两种目的的传球实战训练方法可以分为两类——抢圈和进攻配合。

关于交流

体现传接球实战训练中良好团队协作能力的是有效的交流。没有交流的团队谈不上是一个整体。交流不仅体现为口头沟通，还体现为肢体语言、眼神暗示等。如何进行交流、什么时候交流、交流什么是需要教练研究与讨论的重要内容。

接球引导和传球引导

接球引导是指接应球员通过观察周边环境调整自身站位、身体朝向、双脚位置来引导传球球员的传球方向、路线和速度以便进行合理的第一脚触球。球员接球时面对的方向即球员进行下一步行动的方向，因此球员在接球前一定要观察周边环境，并提前思考下一步行动，以免陷入被动局面。

传球引导是指传球球员观察接应球员处境，以及整场比赛节奏及其走势，设计好传球线路和相应的跑动路线，使球队掌控比赛节奏。比赛中球队利用中锋来控制比赛节奏是常见的传球引导的例子。

无论是后场传控球还是前场配合，接球引导和传球引导都是球队控球时非常基础、重要的环节。在抢圈训练中可以很好地训练球员的传球意识和技术。

控球与配合训练分类表

抢圈		基础抢圈	
	传球渗透	轴式渗透	
		渗透性传球	
	转移抢圈	传球转移	
		抢断后的转移	
		圈的移动	
进攻配合		配合指导型	
		技术强化型	
	实战演练型	基础战术型	
		综合转换型	

5.1 抢圈

关于抢圈

抢圈训练是有对抗的传球训练方法，由鲁伊斯发明，克鲁伊夫和瓜迪奥拉将其发扬光大，已贯穿所有青少年及成人足球训练当中。

现代足球训练中抢圈的优点早已不局限于提高传球准确性和反应速度、拓宽观察视野，其还可以帮助球员了解并熟练掌握第一脚触球、传接球引导、思考下一步行动等使比赛流畅度更高的实战技术，增强吸引防守球员、转移、控制比赛节奏等比赛意识。此外，抢圈还能作为战术训练的一部分运用到比赛中。可以说，理解了抢圈，就理解了足球的一半。

　　本章中将介绍基础抢圈、传球渗透、转移抢圈和圈的移动四项内容。其中，基础抢圈以一般的抢圈训练为基础，还包含一些简单的常见训练变化；传球渗透则按有无中间传递的球员分为轴式渗透和渗透性传球，是将球向前推进的方法之一；转移抢圈用以训练球员转移能力，按前置情景的不同分为传球转移和抢断后的转移；圈的移动则将球队随球的整体移动的理念融入抢圈。

抢圈传球的三个级别和诱导传球

　　一级传球：不穿过防守球员，相邻球员之间传球。

　　二级传球：传球穿过防守球员传给较远端球员。

　　三级传球：传球穿过防守球员到远端球员脚下。

　　诱导传球：两名防守球员站位紧凑使其足以拦截一级传球，同时身体做好准备可以随时拦截二级甚至三级传球。诱导传球使传球变得可预测，能够给进攻球员施加有效压力，使传球按照防守球员的节奏来进行。

抢圈防守的三个级别

　　压迫：当圈内只有一名防守球员时，防守球员应迅速上前，不用积极地抢断球，而是施压，逼迫持球球员向选择更少的方向上带球，在持球球员接球失误、带球失误或者第一脚触球不利时抢断球。

　　协防：当圈内有两名防守球员时，第二名防守球员需要根据球的轨迹、位置、进攻球员和第一名防守球员的意图以及周边环境给予第一名防守球员帮助，封锁进攻球员的出球路线。

平衡：当圈内有三名或者更多防守球员时，第三名及其他防守球员的任务是选择合理站位，扼制进攻，避免渗透性的大范围传球，使防守区域内不出现大范围的、打乱防守节奏、撕裂防守的传球。

5.1.1 基础抢圈

基础抢圈 1

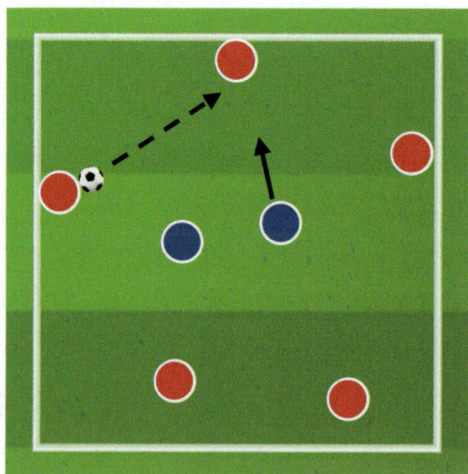

扫码观看视频

训练类别： 情景再现式训练

场地设置： 12m×10m 场地

人员安排： 5v2

球员目的： 5 名进攻球员相互传球，防守球员迫使进攻球员传球出界或者抢断球

训练规则： 控球球员 2 次触球限制，球出界或者被抢断时，传球球员和接球球员与 2 名防守球员交换角色

变化与进阶： ①蓝队抢球后踩边界线得分并与传接球失误的 2 名红队球员交换角色；②增加 1 名防守球员

训练要点： ①压力；②身体姿势；③补位；④交流；⑤第三名防守球员使防守平衡

基础抢圈 2

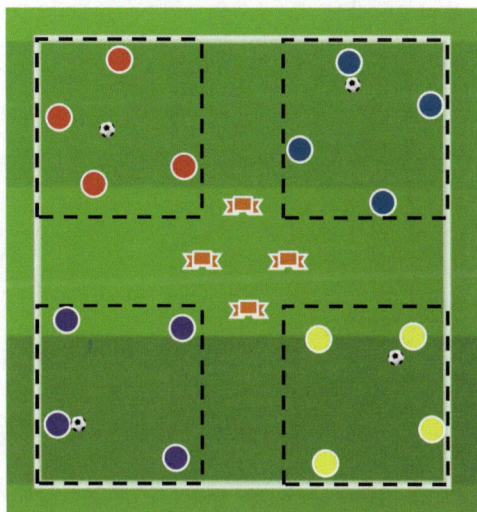

扫码观看视频

训练类别： 情景再现式训练

场地设置： 4 个 4m×4m 场地，4 个场地中央有 4 件标志背心

人员安排： 一组 4 人在各自的区域内传球，给每组球员从 1 开始编号

训练规则： 教练报数字 1~4，小组内对应号码球员从中央区域拿 1 件标志背心后沿顺时针方向前往下一个区域作防守球员

获胜方法： 计算 1 分钟内夺下其他球队的球权或者传球出界的次数；失分最少的球队获胜

变化与进阶： 进攻球员最多触 2 次球

训练要点： ①第一脚触球远离防守球员；②如果没有被逼抢，吸引防守球员；③打开身体接球；④保持球的移动；⑤交流

基础抢圈 3

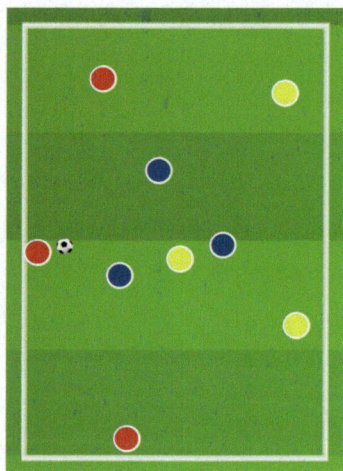

扫码观看视频

训练类别： 情景再现式训练

场地设置： 10m×12m 场地

人员安排： 9 名球员分为 3 组，其中 2 组球员为一队在场地内控球，另一组作防守队

训练规则： 控球队使球出界后，与防守队交换角色，如果防守队将球踢出界，依然留在场上；防守队抢下球后带球踩边界并与丢球队交换角色；进攻队有 3 次或者更少的触球次数限制

训练要点： ①吸引防守队；②支援；③注意防守队的站位（关系到他们给你施加的压力）；④寻求接应的时候，注意周围的环境

基础抢圈 4

训练类别： 情景再现式训练

场地设置： 10m×20m 的场地分成大小相同的 2 个半场

人员安排： 球员分成两队，每队 5 名球员在不同半场，其中一队（红队）在己方半场互相传球，另一半场（蓝队）的 1 名球员进入对方半场抢球

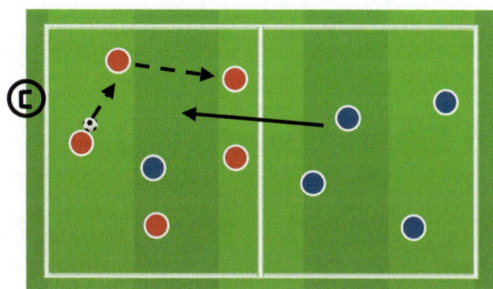

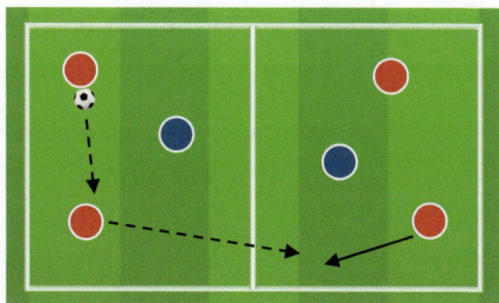

训练规则： 如果球权没有发生交换，每过 15 秒蓝队派出 1 名球员进入红队半场参与抢球；防守球员抢下球后传球给队友或者经场外的教练传球给队友；防守队和进攻队互换角色

训练要点： ①立即反抢；②身体姿势，弯曲膝盖，侧身站位；③迫使控球球员失误；④抢断

基础抢圈 5

训练类别： 情景再现式训练

场地设置： 10m×20m 的场地分成大小相同的 2 个半场

人员安排： 每个半场内 2 名控球球员和 1 名防守球员

训练规则： 球员不能进入另一半场；2 次触球限制；球出界后由教练发球

训练要点： ①确立三角关系；②靠近与拉开；③第一脚触球；④思考，并为下一步做准备；⑤传接球引导

基础抢圈 6

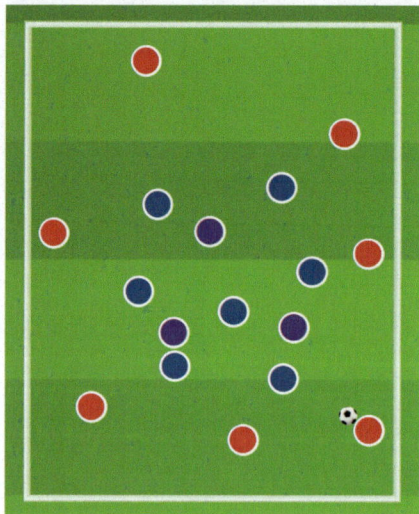

扫码观看视频

训练类别： 情景再现式训练

场地设置： 20m×30m 的场地

人员安排： 7v7+3 名自由人在场地内抢圈

训练规则： 防守球员截球并传给队友后与进攻球员交换角色

训练要点： ①吸引防守球员；②快速传球转移；③整体移动；④迅速反抢

训练规则分析——触球次数限制与传球次数限制

触球次数限制是与传控球技术、射门技术相关的训练中常见的规则。它的用法有以下几种。

①由于触球次数限制，球员的第一脚触球至关重要，球员须不断地调整身体使之为第一脚触球做准备。所以有触球次数限制的训练可以用来讲解更加合理的第一脚触球，提升第一脚触球及第一脚触球之

后的技术。

②触球次数越少，球在球员之间的移动速度越快，所以教练也可以借助触球次数限制来训练球员快速地传接球、进攻和转移。

③在一般的抢圈中，球员的触球次数达到上限后，可以用护球和交流的方式与队友进行掩护式交叉配合来继续实现控球。

④在抢圈中控球球员扮演不同角色时，教练也可以利用对其中一种球员角色施加 1 脚触球限制使撞墙式配合频繁出现。

传球次数限制指对同一球队球员之间传球次数的要求。传球次数限制有两种用法，一种是球队满足传球次数才能进攻，另一种是球队反击训练中对传球次数的要求。前者强调球员不要盲目发动进攻，注意控制比赛节奏，是教练在进攻时刻的战术训练中经常利用的规则；后者则恰好相反，要求球队在有限的传球次数内将球快速过渡到得分区域，这是根据反击的 6 脚传球原则而来的（6 脚传球原则：成功的反击从发动反击到完成射门的传球次数不会超过 6 次。）

5.1.2　传球渗透

与进攻配合一样，传球渗透也是比赛中常见的将球推向前场的方法。

传球渗透的方法有两种：轴式渗透和渗透性传球。轴式渗透是指以中场球员为轴的形式，通过接应、接球引导、侧身接球等方式将球过渡到前场。渗透性传球是指中后场球员通过穿越防线的传球直接将球传到前场。

5.1.2.1　轴式渗透

轴式渗透 1

训练类别：情景再现式训练

场地设置：8m×12m 场地

人员安排：2v2+2 名自由人

扫码观看视频

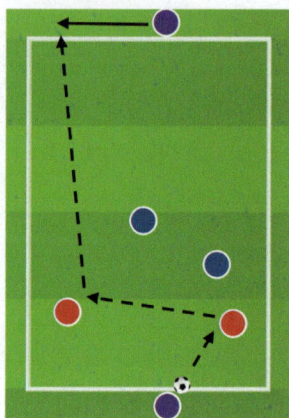

球员目的： 进攻球员接自由人的传球后将球传给对面的自由人；防守球队截球后或迫使球出界后与进攻球队交换角色

训练规则： 接自由人传球后不能回传；消极防守

变化进阶： ①自由人传球后可以与另1名进攻球员交换角色；②2次触球限制；③3v3+2名自由人，正方形场地；④4v4，两队各派2名球员在相对的场地一侧，球队从一侧传球到另一侧得1分

训练要点： ①利用拉开与接应形成"轴"；②打开身体；③接球引导与传球引导；④积极的跑动与"轴"之间形成配合，如交叉掩护、后套等

轴式渗透 2

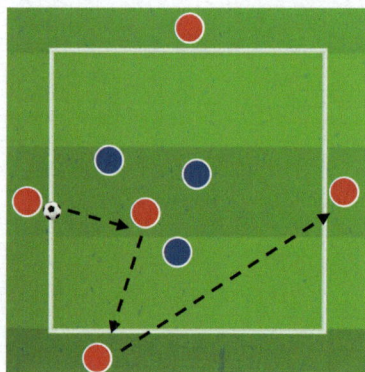

扫码观看视频

训练类别：情景再现式训练

场地设置：10m × 10m 场地

人员安排：5v3 抢圈，4 名进攻球员分别在场地的四个边的外侧移动，1 名进攻球员和 3 名防守球员在场地内移动

训练规则：2 次触球限制；5 名进攻球员能相互传球

训练要点：①接应；②张开身体；③传球引导和引导传球；④防守球员应尽量阻止穿透性传球

轴式渗透 3

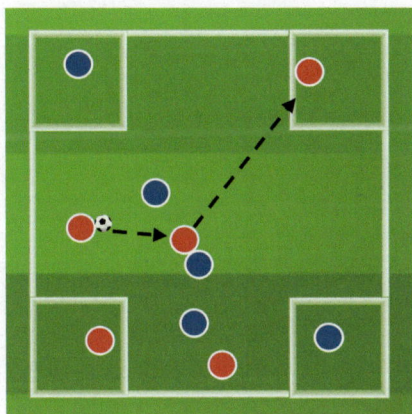

扫码观看视频

训练类别：情景再现式训练

场地设置：16m × 16m 场地，在 4 个角落处设立 4m × 4m 的目标区域

人员安排：每队 2 名球员站在呈对角线的目标区域，其他球员在中间区域

训练规则：中间区域的球员得球后将球传给本队位于目标区域的目标球员后与其交换角色

球员目的：中间区域的球员得到一个本队目标球员的传球后传给相对的目标球员得分（能传回原目标区域但不得分）

训练要点：①快速回撤以创造接球空间；②接球时打开身体；③观察

传球队员；④传到正确的脚上；⑤交流；⑥消极防守；⑦接球前360度观察

轴式渗透4

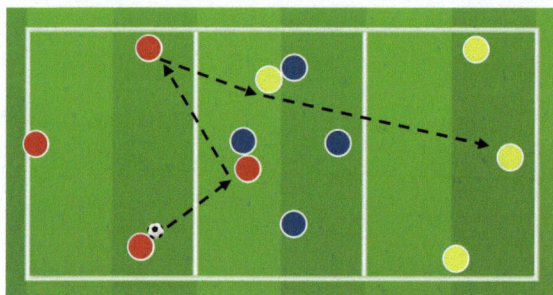

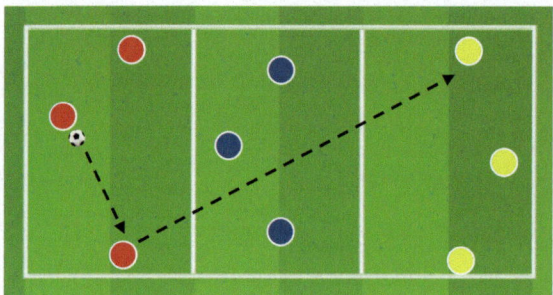

扫码观看视频

训练类别： 情景再现式训练

场地设置： 12m×18m 场地分为3块

人员安排： 球员分为3队，每队4名球员；4名防守球员位于中央区域，另外两队各派1名球员位于中央区域，其他球员分别位于两侧区域

球员目的： 球从一侧通过位于中间区域的队友或者直接传渗透球至另一侧

训练规则： 2次触球限制；防守球员断球后将球踢出场外，由教练发球；中场3次断球后球队交换角色

5.1.2.2　渗透性传球

渗透性传球1

扫码观看视频

训练类别： 情景再现式训练

场地设置： 8m × 12m 场地分为 3 块

人员安排： 球员分成 3 队，每块场地 1 队球员；防守球队位于中间场地，进攻球队位于两侧

球员目的： 进攻球队将球传给另一侧的进攻球员得分

训练规则： 如果防守球队将球破坏出界，仍由进攻球员发球；如果进攻球员传球出界，则由另一进攻球队发球，丢球球队与防守球队互换角色；如果防守球员截球，则将球传给另一球队，丢球球队与防守球队互换角色；2 次触球限制

训练要点： ①耐心；②快速传接球；③发现传球空当并移动到最佳位置；④交流

渗透性传球 2

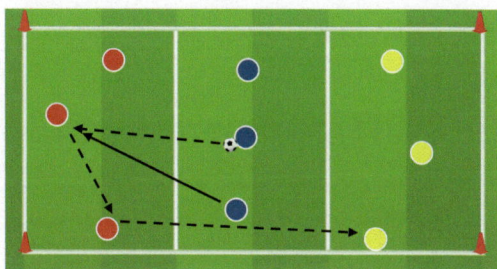

扫码观看视频

训练类别： 情景再现式训练

场地设置： 6m × 15m 的场地（4 个角落各放一个标志桶）分成 3 块

人员安排： 球员分为 3 队，各队在各自的 1/3 场地

球员目的： 中间场地的球队将球传给任意一个处于两侧的球队，然后派 1 名球员抢球；接到球的一侧球队，将球传至另一侧后，中间场地的另一名防守球员进入另一侧，原抢球球员返回中间场地；防守球队抢下球后将球传给另一侧球员或者击中标志桶来与丢球球队交换角色

训练规则： 两侧的球队能够相互传球；持球球队使球出界或者标志

桶被击倒，由教练传球给另一侧球员以保证训练顺畅进行

训练要点： ①立即反抢；②身体姿势；③使队友不得不移动来接应；④交流

渗透性传球 3

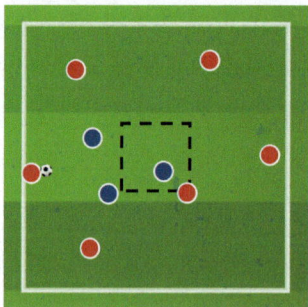

扫码观看视频

训练类别： 情景再现式训练

场地设置： 20m×20m 场地，中央设置一个边长 4 米的正方形区域

人员安排： 6v3

球员目的： 进攻球队传球穿过中央正方形区域得分；防守球队断球后踩场地边界得分

训练规则： 进攻球队有 2 次触球限制

球员目的分析——防守球员目的

训练是在球员完成目的的过程中进行的。一场有对抗的训练中，教练必须设置进攻球员目的和防守球员目的。

防守球员目的的种类有很多，在有些训练中防守球员目的只是破坏球，有些防守球员目的是截到球后带球过线，或者传给队友和教练，甚至还要完成射门。

防守球员目的会影响训练的实质，其变化会使训练重心偏移。例

如，常规的 4v1 抢圈中，防守球员如果触球就得分并进行球员角色的交换，那么训练强调的是传球准确度和传接球意识；如果防守球员需要带球踩线才能得分，那么防守球员不能随意出脚并要提前思考抢球后的动作从而有计划地抢球，这种设置还强调了进攻球员被断球后积极反抢、由攻转守的比赛意识；如果加入了抢断后的射门，那么进攻球员还要考虑传球的危险程度、丢球后的压迫和补位及攻守平衡。从以上三种包含不同防守球员目的的训练中可以看出，随着完成防守目的的时间的延长，训练重心从进攻向由攻转守和由守转攻逐渐转移。

5.1.3　转移抢圈

转移是比赛中常见的传球目的，指球队在球场一侧通过传球等手段吸引足够多的防守球员后将球转移到另一侧。转移不但能撕裂对方阵形，从而寻找对手破绽，而且还是很多球队直接用来得分的方法。转移抢圈能很好地训练球员的转移意识和技战术。

转移按前置情景分为两类：传球转移和抢断后的转移。两种转移都将合理的身体朝向、快速转移和转移后的接应视为重点，一般的传球转移还要求球员吸引足够多的防守球员后才能将球转移。

5.1.3.1　传球转移

传球转移 1

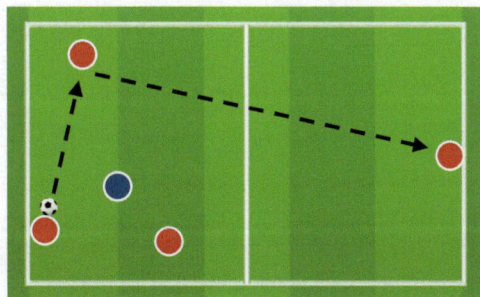

扫码观看视频

训练类别：情景再现式训练

场地设置：12m×24m 的场地分为两块

人员安排：一半场 3v1，另一半场 1 名进攻球员

球员目的：进攻球员连续 6 脚传球后寻找机会将球传向另一半场；防守球员截球后带球踩边界线或者传给教练得分

训练规则：球移动到另一半场后，原半场的防守球员和 2 名进攻球员移动至另一半场

变化与进阶：一半场 5v2，另一半场 3 名进攻球员

传球转移 2

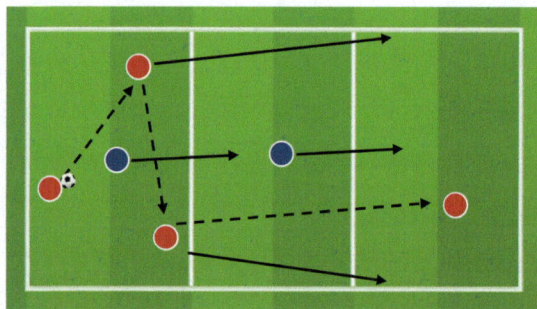

扫码观看视频

训练类别：情景再现式训练

场地设置：6m×12m 的场地分为 3 块

人员安排：一侧场地 3v1，中间场地 1 名防守球员，另一侧场地 1 名进攻球员

球员目的：进攻球员连续 4 脚传球后寻找机会将球传给另一半场的进攻球员；防守球员截球后带球踩边界线或者传给中间场地的防守球员得分

训练规则：球移动到另一侧场地后，中间场地的防守球员和 2 名进攻球员移动至该场地，原抢球的防守球员移动至中间场地

变化与进阶：①中间场地距离拉长，迫使球员尽可能利用高空长传转移；②增加参与抢圈的双方球员的人数和场地面积

传球转移 3

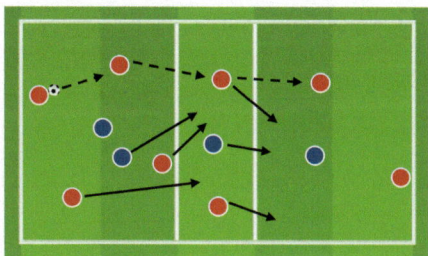

扫码观看视频

训练类别：情景再现式训练

场地设置：12m × 24m 场地分为 3 块，位于中间的场地宽 2m

人员安排：开始时在一侧场地进行 4v2，中间及另一侧场地均有 2 名进攻球员和 1 名防守球员

球员目的：进攻球员满足 6 脚传球次数后，将球传给中间场地的进攻球员，由中间场地的进攻球员转移到另一侧，此时原 4v2 区域 2 名进攻球员和 1 名防守球员进入中间场地，而中间场地的 3 名球员进入另一侧场地继续进行 4v2

训练规则：循环进行，3 次失误后交换角色；2 脚触球限制

5.1.3.2　抢断后的转移

抢断后的转移 1

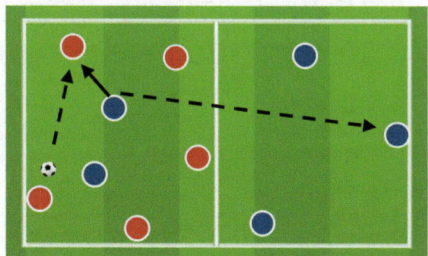

扫码观看视频

训练类别：情景再现式训练

场地设置： 18m×45m 的场地分为大小相同的两块场地

人员安排： 球员分成 2 队分别站在不同的场地，其中一队有球

球员目的： 另一队派 2 名球员进入对方场地抢下球并传给己方球员，再回到己方半场与原控球球队交换角色形成 5v2

训练规则： 每连续 6 脚传球得 1 分

训练要点： ①阵形的宽度和深度；②支援；③交流

抢断后的转移 2

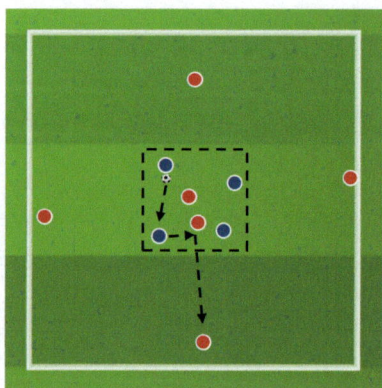

扫码观看视频

训练类别： 情景再现式训练

场地设置： 正方形场地内有一个小正方形场地

人员安排： 开始时在小正方形场地内 4v2

球员目的： 小正方形场地内的防守球员抢到球后，将球传给小正方形场地外球员，然后 4 名原进攻球员成为防守球员，与原防守球员和小正方形场地外的 4 名球员形成 6v4

训练规则： 2 脚触球限制

抢断后的转移 3

训练类别： 情景再现式训练

场地设置： 将 8 人制场地中的两个大禁区前沿线及其延长线之间的场

地分为 4 块区域

人员安排： 3 名蓝队球员和 5 名红队球员在中间的一块
区域（区域 1）进行 3 抢 5；该区域两侧（区域 3、4）各有 1
名蓝队球员，1 名红队球员位于中间的另一块区域（区域 2）

扫码观看视频

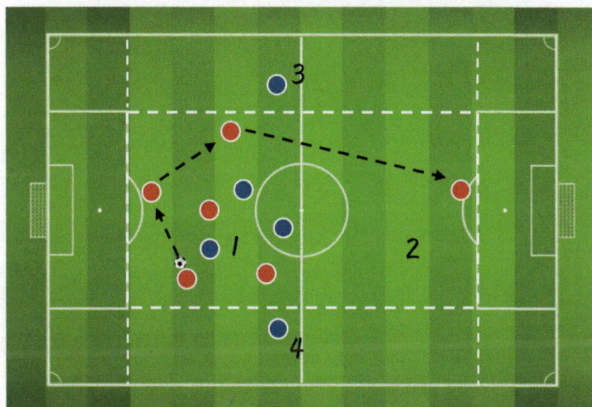

球员目的： 红队球员连续 8~10 脚传球后传球给区域 2 的红队球员，然
后原区域 1 的 4 名红队球员和 1 名蓝队球员，以及边翼（区域 3、4）的 2
名蓝队球员移动到区域 2，继续进行 3 抢 5，区域 1 的 2 名蓝队球员移动至
边翼；蓝队球员获得球权后传给边翼球员得 1 分，红队球员完成 1 次转移
得 1 分

训练规则： 红队有 1~2 脚触球限制；球出界或者蓝队得分后，由红队发球

5.1.4 圈的移动

由荷兰阿贾克斯全攻全守理论发展而来的现代足球理论强调，在比赛中，
无论是进攻球队还是防守球队，所有球员都是一个有机的整体，是随着球
位置的变化而移动的。抢圈中圈的移动能很好地训练球员整体移动意识。

圈的移动一般强调球员控球耐心、接应、传接球引导、整体移动和快
速移动。

圈的移动 1

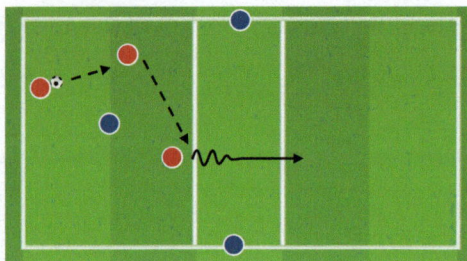

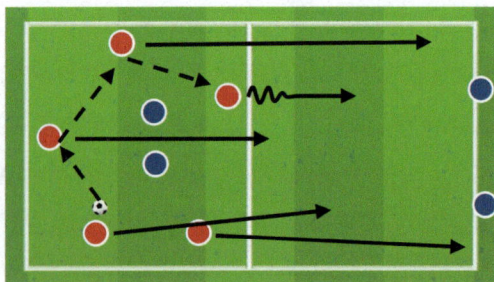

扫码观看视频

训练类别： 情景再现式训练

场地设置： 6m×13m 场地分成 3 块，中间的场地宽 1m

人员安排： 一侧场地内 3v1，另外 2 名球员在中间场地等候

球员目的： 3 名球员完成 3 脚或者更多脚连续传球后可以带球移动至右侧区域，此时一名中场的防守球员跟随进入右侧区域防守，左侧区域的防守球员回到中场；防守球员抢下球后带球踩边界线或者传到另一块区域内，另一名防守球员在该区域内接到球后，球队交换角色

训练规则： 防守球员踩线或者进攻球员使球出界后由教练发球给另一块区域的防守球员

训练要点： ①传向引导传球的脚；②身体准备；③支援；④快速移动；⑤防守球员没有施压的情况下处理球的方法

圈的移动 2

扫码观看视频

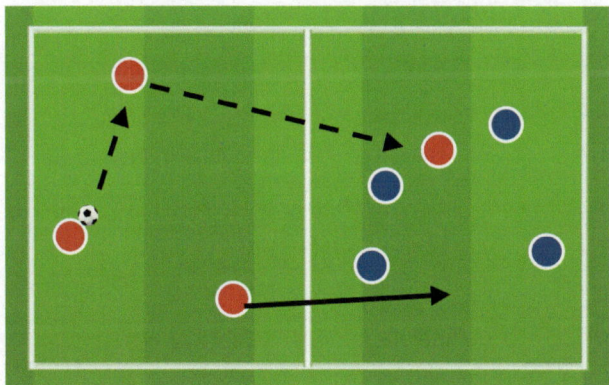

训练类别： 情景再现式训练

场地设置： 25m×10m 的场地分为 2 块

人员安排： 开始时在 1 块场地进行 5v2 抢圈

球员目的： 5 脚连续传球后，进攻球队可以以传球或者带球的方式进入另一半场，然后整队移动至该半场进行 5v2；如果防守球队抢下球并将球踢出界，与进攻球队交换角色

训练规则： 所有进攻球员进入另一半场后，原防守球队前往原半场底线处等待

圈的移动 3

训练类别： 情景再现式训练

场地设置： 场地分为两块

人员安排： 两块场地各一队，每队 4 名球员，其中一队有球

扫码观看视频

球员目的： 控球球队带球过对方球门线且所有球员进入对方半场得分

训练规则： 防守球队不能越过中场线抢球；如果防守球队抢下球并带球过了中场线或者传给队友后，则所有原控球球队球员须退回原半场

训练要点： ①整体移动；②耐心控制球权

圈的移动 4

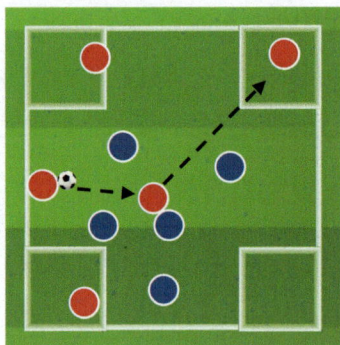

训练类别： 情景再现式训练

场地设置： 在 24m×24m 场地 4 个角落设立目标区域

人员安排： 5v5

球员目的： 将球从一个目标区域转移到另一个目标区域

训练规则： 从一个目标区域传球至另一个目标区域前必须连续传 3 脚球，且原目标区域的球员必须离开该区域

训练要点： ①全场意识；②耐心

5.2　进攻配合

进攻配合是指两名及两名以上的球员通过传球跑动撕开防线，将球向前推进并获得射门、带球或传球空间的过程。现代进攻配合在比赛中不仅应用于将球向前推进，还应用于为了控制球权的转移球。

值得一提的是，进攻配合与带球过人一样，球员在使用时需要考虑到安全系数或者说风险成本，因此我们无法在正规比赛中的控球球队的后场看到频繁的进攻配合。本节将进攻配合训练按自主程度和接近比赛程度分为配合指导型、技术强化型和实战演练型。

5.2.1　配合指导型

基础的进攻配合包括撞墙式配合、斜传直插二过一、直传斜插二过一、后套、交叉掩护式配合等。

配合指导型旨在使球员了解各个进攻配合的时机、运用情景及技巧。配合指导型中，传球者通常有两个或两个以上的选择，交流和寻找时机是完成配合的关键。

配合指导型 1：二过一时机

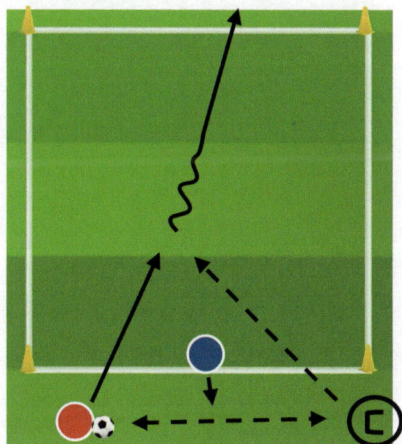

扫码观看视频

场地设置： 4 个标志桶组成 4m×4m 的正方形区域

人员安排： 开始时进攻球员持球和教练相距 3m，站在区域一侧，防守球员站在边线上

球员目的： 防守球员抢断球得分；进攻球员与教练互传 6 脚球或者带球过对面的区域边线得分

训练规则： 防守球员可以截断传球，但不能靠近进攻球员和教练抢球；进攻球员在和教练员传球时可以调整位置

训练要点： ①前插的时机；②直接向前带球的时机；③不同的二过一配合的应用；④第一脚触球

配合指导型 2：三种后套

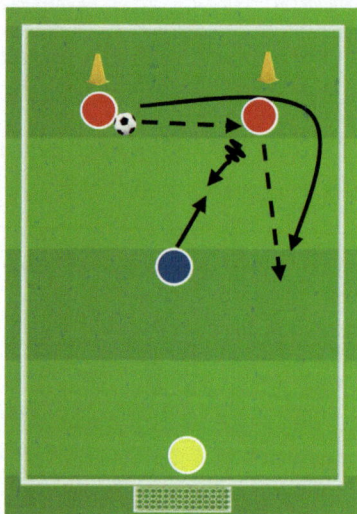

扫码观看视频

训练类别： 情景模拟式训练

场地设置： 12m×20m 场地，场地后侧 2 个标志桶相距 6m

人员安排： 2v1+1 名守门员

球员目的： 1 名进攻球员持球，将球传给第二名进攻球员后与其做以下 3 种后套配合

- 传球到第二名进攻球员脚下，第二名进攻球员向右路带球，然后根据实际情况传给后套球员或者带球向右路突破
- 传出有恰当提前量的球，第二名进攻球员根据实际情况选择第一脚触球过人或者漏球给后套球员
- 第二名进攻球员接球后停下来保护球，选择时机向右路突破或者传给后套球员

训练要点： ①第一脚触球；②3 人成一条直线时是传球的恰当时机；③用适当的语言交流；④持球球员没有传球，后套球员前往更深处准备接球；⑤享受进攻配合的乐趣；⑥三种后套配合的共同点

152

配合指导型 3：拉边

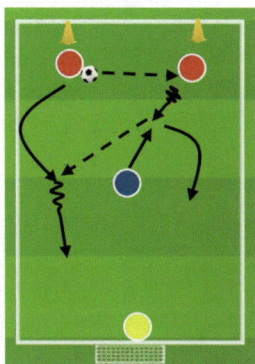

扫码观看视频

训练类别： 情景模拟式训练

场地设置： 12m×20m 场地，场地后侧 2 个标志桶相距 6m

人员安排： 2v1+1 名守门员

球员目的： 1 名进攻球员持球，将球传给第二名进攻球员后拉开距离，第二名进攻球员选择传球或者从防守球员的侧面突破

训练要点： ①第一脚触球；②直插球员跑动的路线和身体姿势；③用适当的语言交流；④选择恰当的传球时机；⑤持球球员没有传球，拉边的球员前往更深处准备接球；⑥享受进攻配合的乐趣

配合指导型 4：斜传直插

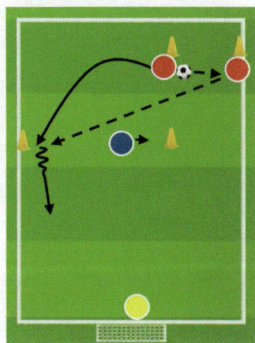

扫码观看视频

153

训练类别： 情景模拟式训练

场地设置： 12m×18m 场地，场地右侧 3 个标志桶组成直角三角形，直角三角形两边长 4m 且分别与球门线和边界线平行，位于场地中央的标志桶与左侧标志桶相距 6m

人员安排： 2v1+1 名守门员

球员目的： 第一名进攻球员持球位于其中一个标志桶前侧，传球到第二名进攻球员脚下后 J 字跑位经过场地左侧标志桶的内侧，第二名进攻球员停球后根据实际情况选择传身前球或者身后球

训练规则： 防守球员在球越过两个相距 6m 的标志桶前只能在这两个标志桶之间移动

变化与进阶： 持球球员传球给队友后靠近防守球员，然后迅速拉开距离

训练要点： ①第一脚触球；②直插球员跑动的路线和身体姿势；③选择恰当的传球时机；④直插球员随时准备接球；⑤传球准确性；⑥享受进攻配合的乐趣

配合指导型 5：回坐后拉开

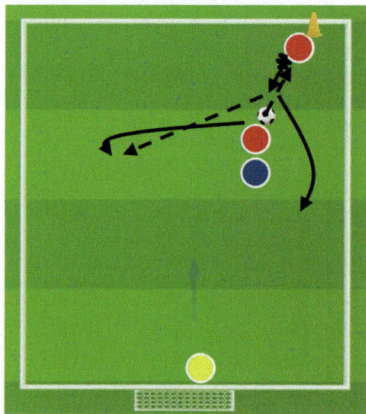

扫码观看视频

训练类别： 情景模拟式训练

场地设置： 12m×16m 场地

人员安排： 2v1+1 名守门员

球员目的： 开始前 1 名持球进攻球员和 1 名防守球员位于场地中央距球门 8m 处，另一名进攻球员于标志桶前准备；持球球员将球传给另一名进攻球员后迅速拉边开始比赛

训练要点： ①第一脚触球；②掩饰意图；③用适当的语言交流；④快速起动，摆脱防守球员；⑤选择恰当的传球时机；⑥传球准确性；⑦享受进攻配合的乐趣

5.2.2　技术强化型

技术强化型进攻配合训练中一般没有射门，教练通过设置规则和目的，让球员在自然环境下对各种进攻配合进行反复练习，使其熟练掌握进攻配合的技术动作和要领。

技术强化型 1

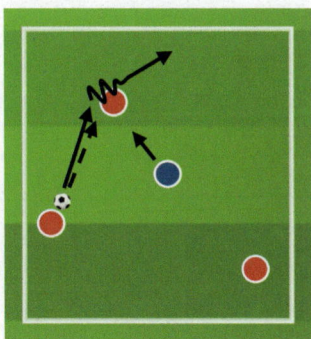

扫码观看视频

训练类别： 情景再现式训练

场地设置： 6m×6m 场地

人员安排： 3v1 抢圈

训练规则： 1 次触球限制

训练要点： ①交流；②护球；③当进攻球员浪费了 1 次触球的机会时，

队友积极上前支援，形成交叉掩护配合

技术强化型 2

训练类别： 情景再现式训练

场地设置： 16m×16m 场地，场地内有 4 个标志桶，标志桶构成 12m×12m 的正方形

人员安排： 1v1v1 + 1 名自由人（当一名球员持球时，则该球员为进攻球员，另外两名球员自动变为防守球员）

球员目的： 持球球员为进攻球员，寻找机会传球给自由人后，接自由人回传后击倒标志桶

训练规则： 教练发球给 1 名非自由人球员开始比赛；自由人有 2 次触球限制；抢到球的防守球员与丢球的进攻球员互换角色；球出界后由教练发球

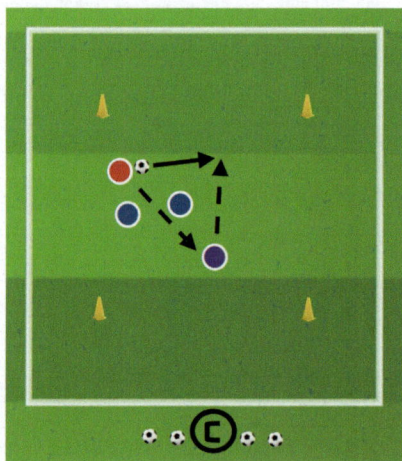

扫码观看视频

变化与进阶： 去掉标志桶，增加 2 个相对的球门，进攻球员与自由人完成配合后可以进攻任一球门

训练要点： ①鼓励球员在击倒标志桶前尽可能多尝试 2v1 进攻配合；②曲线带球，掩饰意图；③自由人的接应；④快速起动，摆脱防守球员；⑤吸引防守球员；⑥享受进攻配合的乐趣

技术强化型 3

训练类别： 情景再现式训练

场地设置： 25m×18m 场地

人员安排： 3v3+2 名自由人

球员目的： 一队连续传 10 脚球得 1 分

训练规则： 自由人有 2 次触球限制；自由人能在区域外自由移动；自由人必须回传给将球传给他的球员；自由人之间不能相互传球

训练要点： ①传接球的技术；②掌握比赛的节奏，吸引防守球员；③与自由人进行后套配合，而后在角球区域（接球时不要面对边线）接球；④利用交叉掩护式配合时，保持身体处于球与防守球员中间，使得队友从一边带球到另一边

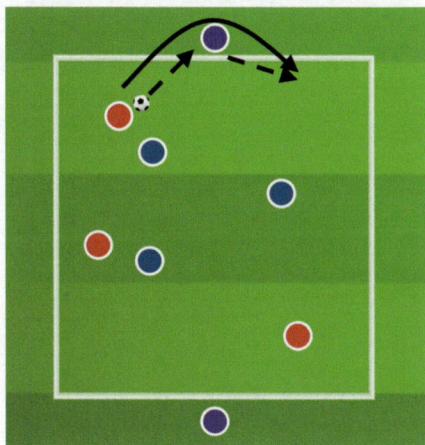

扫码观看视频

5.2.3　实战演练型

实战演练型进攻配合训练包含有射门环节。按照角色是否固定，实战演练型可分为基础战术型和综合转换型。教练可以根据比赛中常用的阵形和情景选择训练内容。

5.2.3.1　基础战术型

基础战术型将比赛中的进攻配合按照不同位置球员之间的配合进行定位。以"基础战术型1"为例，这个训练以5人制中1–2–1阵形中边路球员与中锋的配合为训练目的，同样教练也可以在此基础上做出改变，使之适应2–2阵形、3–1阵形、1–1–2阵形等不同战术安排。教练不断重复这些简单阵形在对抗中的情景，使球员之间的联系逐渐加强，战术执行力逐渐得到提升。

基础战术型1：1-1v1

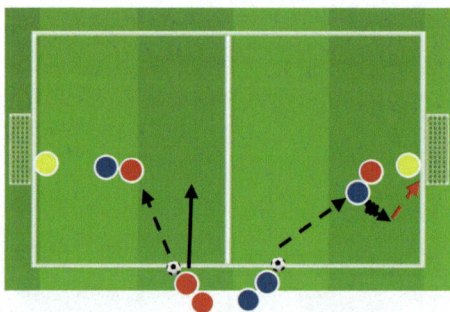

扫码观看视频

训练类别： 情景再现式训练

场地设置： 5人制球场

人员安排： 球员分为2队，每队4名球员，另加2名守门员；各半场3名进攻球员，1名防守球员，1名守门员

球员目的： 中线处边界外的另一名进攻球员将球传进场内后进入场内加入进攻形成2v1；如果防守球员抢下球，将球踢出界外

训练规则： 开始时场地内1名防守球员对1名进攻球员进行盯人防守，球出界或者进球后交换角色

训练要点： ①为自己创造空间；②注意防守球员的位置；③传球给接球前锋的球速；④掩饰意图的支援跑动；⑤接球时，支援队友的几种跑动方式

变化与进阶： 以各种形式开始第一脚传球

基础战术型 2：2v2

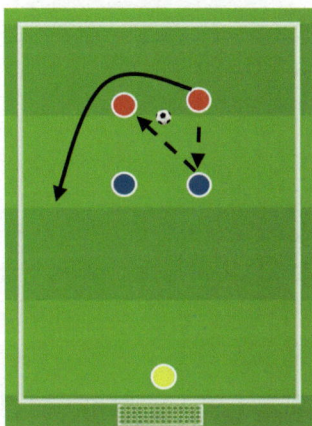

扫码观看视频

训练类别： 情景再现式训练

场地设置： 12m×16m 场地

人员安排： 2v2+1 名守门员

训练规则： 开始前 2 名进攻球员和 2 名防守球员站在边长为 2~3m 的正方形的 4 个角处，2 名防守球员靠近球门；1 名持球球员将球传给对面的防守球员，再由该防守球员一脚传球给另一名进攻球员，此时持球进攻球员自行选择后套或者拉开，比赛开始

训练要点： ①第一脚触球；②传球和突破的时机；③快速起动，摆脱防守球员；④吸引防守球员；⑤享受进攻配合的乐趣

基础战术型 3：3v3

训练类别： 情景再现式训练

场地设置： 8m×12m，4 个小球门

人员安排： 3v3

球员目的： 各队进攻对面的 2 个小球门

扫码观看视频

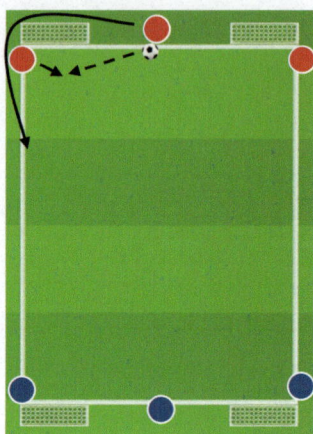

训练规则： 持球球员传给一侧队友开始，传完球后必须做后套；进攻完成后由另一队发球继续训练（如红队进球或者使球出界，则由蓝队发球）

训练要点： ①防守球员的意识；②观察无球跑动的球员；③决策

基础战术型 4：1-2v3

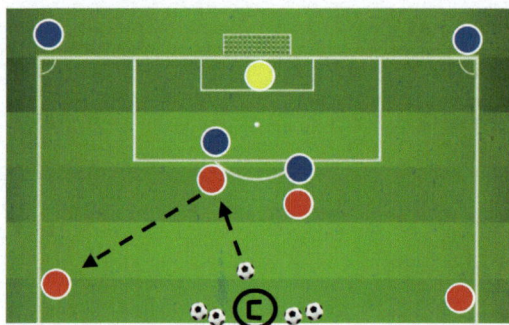

扫码观看视频

训练类别： 情景再现式训练

场地设置： 1/3 的 7 人制半场

人员安排： 3v3；开始时 1 名高位前锋、1 名低位前锋和 2 名防守球员位于大禁区线附近；2 名防守球员位于角球区附近，2 名中场球员在他们的对面

球员目的： 进攻球队进攻球门得分，防守球员传球给供球手得分

训练规则： 当供球手传给前锋后，持球前锋传球给一名中场球员，此时接球的中场球员和与之对应的防守球员同时加入比赛

变化与进阶： 边路球员中场得球后，另一名中场球员加入比赛，形成 4v3

训练要点： ①高位前锋注意接球与防守球员的位置；②接应跑动的角度和距离；③传接球的速度；④尝试与最后一名防守球员进行身体对抗

5.2.3.2　综合转换型

综合转换型进攻配合训练常常包括攻防角色或者人数的变化，球员的定位并不固定。这种训练不仅能提升球员由守转攻、由攻转守的能力，还可以在一定程度上模拟进攻配合，用于比赛中复杂、混乱的前置情景和后置情景。

综合转换型 1：1v0 转 1v1 转 2v1⋯⋯

扫码观看视频

训练类别： 情景再现式训练

场地设置： 5 人制球场

人员安排： 两队球员在各自球门两侧准备；教练站在中线延长线处

训练规则： 开始时教练发球给一队球员，该队派 1 名球员进攻对方球门，另一队不派球员；每次进攻完成，进攻球员留在场上，另一队上场人数加 1；每次进攻完成，教练发球给另一队球员

变化与进阶： ①对方球队进攻完成，原防守球员留在场上；②有越位规则

综合转换型 2：随机多人对战

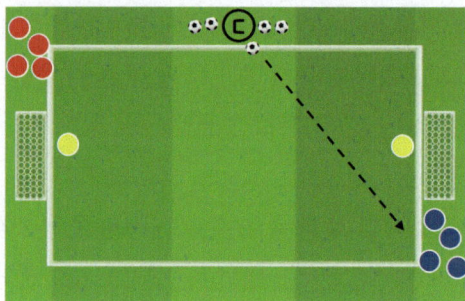

扫码观看视频

训练类别： 情景再现式训练

场地设置： 5 人制球场

人员安排： 球员分成 2 队，于各自球门一侧的角落做准备，教练给每队球员编号（1、2、3、4 等）

训练规则： 教练报号后随机传球，被报到号的球员参与比赛；教练可以一次报 1~4 个号

球员目的： 被报到号的球员进攻对方球门

训练要点： ①快速反应；②策略；③第一脚触球；④展开身体

综合转换型 3：2v1 转 3v2

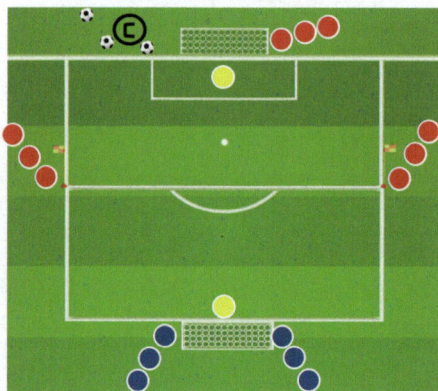

扫码观看视频

训练类别： 情景再现式训练

场地设置： 2 个大禁区大小的场地

人员安排： 蓝队分成两组位于本方大球门两侧；红队分成 3 组，分别位于标志杆两侧和本方大球门一侧；教练位于红队大球门另一侧

球员目的： 教练发球给蓝队守门员开始；蓝队两组各派一名球员参与进攻，红队由其中一组派一名球员参与防守，如果红队获得球权或者被进球（进球后教练发球给红队），位于标志杆两侧的两组红队各派一名球员参与比赛进行反击

训练规则： 红队进攻完成或者球出界后重新开始比赛并交换角色

变化与进阶： ①蓝队分为 3 组，由 3v2 到 4v3；②蓝队分为 4 组，由 4v3 到 5v4

四种训练分析方法之三——元素法

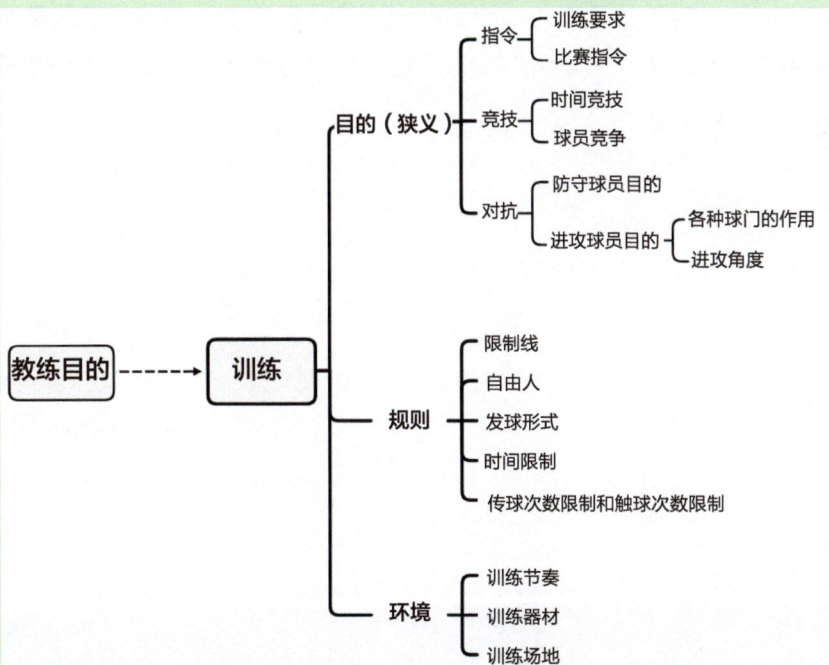

　　所有足球训练都包含目的、规则和环境三个元素，这三个元素就像构建空间的 x、y、z 三条坐标轴一样，描绘了训练的"形状"。

　　广义的目的包括教练目的和球员目的，尽管教练目的是设计一堂训练课的核心，它决定了其他训练元素的组成，但教练目的却不是组成训练的元素之一。在接触一个新的训练视频或者训练教案时，我们可以通过了解训练的三要素来反推教练目的。

　　狭义的目的指球员目的，它包括指令、竞技、对抗三个方面，球员目的诠释了球员在训练中的行为来源。常见的规则变化体现在限制线、自由人、发球形式等方面，但很多异想天开的、非常规的规则也给训练带来了让人耳目一新的效果。

　　环境设置涉及训练节奏、训练器材和训练场地，在游戏情景塑造中，教练甚至可以通过语言和标志物为球员描绘出假想的、完全不存在的场景。

　　球员完成球员目的的过程受到规则和环境的制约，球员按照教练目的来行动，这几乎是所有训练的结构，也是教练利用元素法来分析训练的理论依据。

第 6 章 小型比赛

特定要求的比赛
- 特定目的的比赛
- 特定规则的比赛
- 特定场地的比赛
- 综合型比赛

有自由人的比赛
- 前场自由人
- 边路自由人
- 全场自由人

特定区域的比赛
- 边路特定区域
- 中场特定区域
- 以中场线划分
- 场地切割型比赛

（左下分支）
- 关于小型比赛
- 米歇尔斯的 5 种 4v4
- 米歇尔斯 4v4 要点
- 由米歇尔斯 4v4 衍生而来的小型比赛分类表

（右下分支）
- 球员目的分析——进攻球员目的（各种球门的作用）
- 环境设置分析——不同的比赛场地与训练效果
- 训练规则分析——自由人的设置
- 六种训练模式之五——自然比赛式训练

关于小型比赛

与维尔·科化的科化足球训练法相对，里纳斯·米歇尔斯认为，训练中应该采用 4v4 的形式来增加球员触球的次数，让球员在自然比赛的环境中进行探索式学习，以此来提升球员的能力，而不是简单地，靠教一些技术动作来提升球员的能力。单纯地将技术训练从比赛环境中剥离出来，在孤立的环境中反复练习一项技术是不合理的。

由来自阿贾克斯、基于米歇尔斯理念的 5 种 4v4 小型比赛发展而来的各种小型比赛，已经贯穿所有足球体系、球队的青训当中，是青少年足球训练的重要组成部分。它们通过缩小规模、设置不同的场地和各种特殊规则，来强调发现、探索式学习以及训练连贯性。

小型比赛所能带来的优点来自与其他训练结构的不同——小型比赛是半自动化的。教练只需要告诉球员规则和目的，提供比赛场地，球员就能自主完成训练。

米歇尔斯的 5 种 4v4

（一）基础 4v4

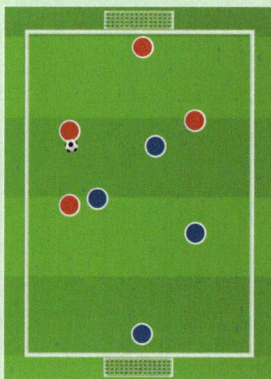

训练特点： ① 1-2-1 站位；②综合能力

场地设置： 20m×40m 场地，3m 宽球门

比赛规则： ①无守门员；②五人制界外球规则；③球门球传球发球

球员目的： 射门得分

（二）踩线 4v4

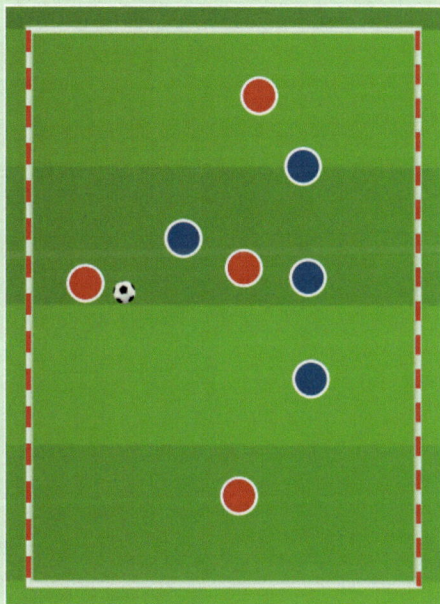

训练特点： ① 1v1 进攻与防守能力；②二过一

场地设置： 40m×20m 场地

比赛规则： 如果球出界或进球，均由对手在其球门线上传球发球

球员目的： 带球通过或者踩球于对手球门线得分

（三）4 小球门

训练特点： ①宽度视野；②利用场地宽度；③转移与摆脱；④协防与平衡

167

场地设置：（15~18）m×40m 场地，4 个 1m 宽小球门

比赛规则：如果球出界或进球，均由对手在其球门线上传球发球

球员目的：向对手球门线上的小球门射门得分

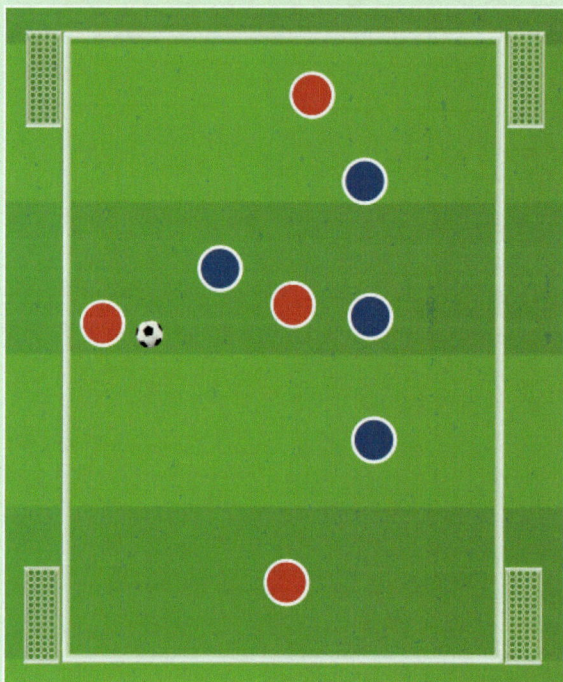

（四）长窄球场

训练特点：①传跑配合；②渗透性传球；③纵度视野；④反击；⑤中锋能力

场地设置：（10~15）m×40m 场地，2 个球门

比赛规则：①有球门球和界外球，在发球门球和界外球时可以带球发球；②各队 1 名守门员

球员目的：地滚球射门得分

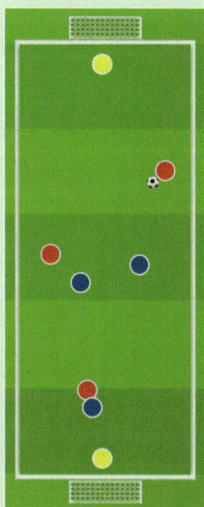

（五）大球门 4v4

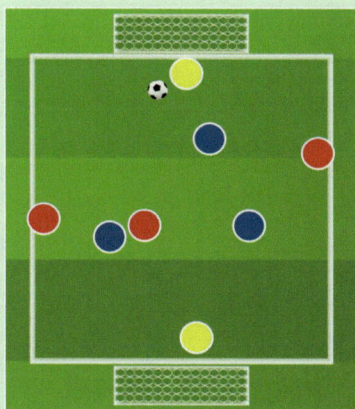

训练特点： ①射门能力；②封堵；③守门员能力；④间接任意球

场地设置： （25~30）m × （30~35）m 场地，7 人制或 11 人制球门

比赛规则： ①五人制界外球、球门球规则；②各队 1 名守门员

球员目的： 射门得分

米歇尔斯 4v4 要点

比赛类型	进攻球队要点	防守球队要点
基础 4v4	- 综合能力	- 综合能力
踩线 4v4	- 创造 1v1 情景 - 后场控制球权 - 快速传接球 - 观察、选择传球的时机和方向，并及时做出移动 - 撕开防线	- 合理的防守位置 - 把对手往边路逼迫 - 抢断球 - 看着球 - 不仅要观察正面对手，还要观察周边
4 小球门	- 快速转移获得进攻机会 - 传球速度 - 第一脚触球 - 交流 - 占据有利空间 - 发现合适的传球时机	- 合理的防守位置 - 迫使球员向边路发展 - 抢断与拦截 - 防守组织 - 合理的抢球时机 - 积极防守
长窄球场	- 获得球权后，尽快传出纵深球 - 思考传怎样的纵深球 - 处理球 - 小空间内的跑位 - 快速的短传配合 - 进攻球员与最前方的球员的配合	- 给予直接压力以阻止对手传出纵深球 - 面对有球球员的防守 - 处于最后防线的球员紧贴对方最前方的球员
大球门 4v4	- 不要向己方球门带球 - 射门能力 - 面对对方球门 - 恰当的射门位置 - 获得射门空间 - 间接任意球配合 - 守门员从扑救到发球的连贯动作 - 合理的守门员发球	- 背向己方球门 - 紧密协防 - 不要轻易出脚 - 封堵射门

由米歇尔斯 4v4 衍生而来的小型比赛分类表

特定要求的比赛			有自由人的比赛			特定区域的比赛			
目的	场地	综合	前场自由人	边路自由人	全场自由人	边路特定区域	中场特定区域	以中场线划分	场地切割

6.1　特定要求的比赛

我们在米歇尔斯的五种 4v4 的基础上，改变目的、规则、场地三个训练变量，得到了特定目的的比赛、特定规则的比赛、特定场地的比赛和三者相结合的综合型比赛等四种小型比赛。

6.1.1　特定目的的比赛

特定目的的比赛 1

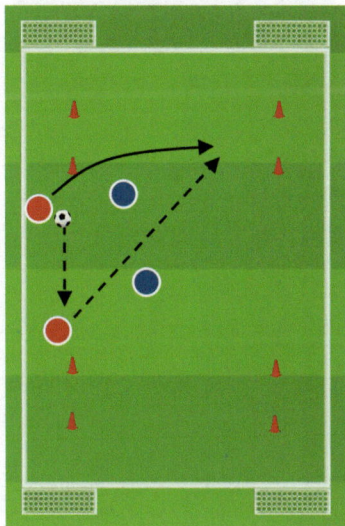

扫码观看视频

训练类别：自然比赛式训练

场地设置：12m×18m 的长方形场地，4 个小球门，4 个宽 1.5m 的标志门

人员安排：2v2

球员目的：持球球队必须带球过一个标志门后才能射与之相对应的小球门得分

比赛规则：球出界或者进球后，由对手球队在出界处或者被进球的球门

两侧发球；发球时对手保持在距离发球者的 3m 外；可以用带球的形式发球

特定目的的比赛 2

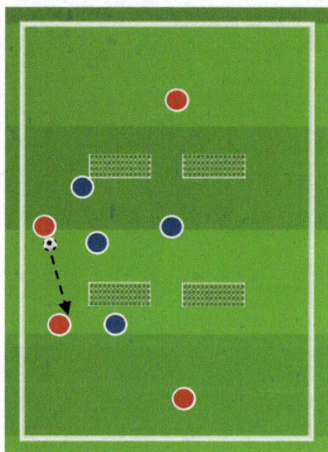

扫码观看视频

训练类别： 自然比赛式训练

场地设置： 5 人制球场，4 个反向球门

人员安排： 4v4

球员目的： 两队分别进攻面朝对手球门线的 2 个球门

比赛规则： 在哪里出界就在哪里发球，没有角球和球门球；对手进球则由丢球球队在己方球门线上发球

训练要点： ①观察；②攻守平衡；③策略；④带球技巧；⑤传球和跑动

特定目的的比赛 3

训练类别： 自然比赛式训练

场地设置： 24m×24m 场地内分散摆放 7~8 个大约 2m 宽的由标志杆组成的球门

人员安排： 5v5+1 名自由人

球员目的： 开始时球队只能在成功通过小门传球给队友时得分；先得 15 分的球队获胜

比赛规则： 继而球队可以通过带球过球门得分

训练要点： ①第一脚触球和传球速度；②球的移动和队友对空间的利用；③决策

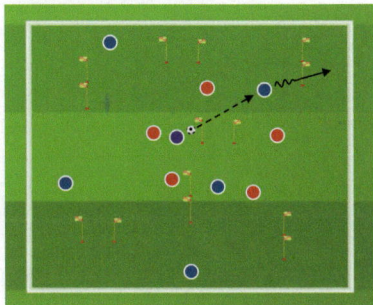

扫码观看视频

球员目的分析——进攻球员目的（各种球门的作用）

对抗训练中持有球权的球员或者球队的得分方法，被称为进攻球员目的。在进攻球员为了达到目的、尽可能地多得分的过程中，相应的球员技术将不得不使用出来，这是分析进攻球员目的，也就是各种球门的作用的原因。接下来，让我们一起讨论四种常见的进攻球员目的：多球门、大球门、踩线得分和带球过线得分。

（1）多球门

在低年龄段的比赛中，球员因自身得分方式单一和对比赛的理解不足，往往会出现扎堆抢球、一直站在球门附近等现象。很多教练下达强制性指令使球员散开或者选择站位，这往往会使球员丧失自主思考能力，进而缺乏举一反三的能力。因此，在球员只有带球短距离射门得分的能力的基础上，如果设置超过防守球员数量的球门，不仅利于进攻球员掌握 1v1 能力、明白球场上选择的多样性和拉开宽度的重要性，还有利于给防守球员讲解多人防守的技巧及原理。另外，在高

173

水平、高年龄段的训练中，多
球门常常出现在训练防线移动
等战术训练当中。

（2）大球门

大球门结合小场地的设置
使射门、压迫和封堵的技术得
以频繁出现。所以在教练需要
训练球员射门力量、讲解压迫
和封堵的技术要求和原理时，

不同的球门对应不同的进攻球员目的

包含大球门的训练是一种很好的解决方法。此外，在低年龄段的训练
当中，因为球员的身高限制，射门球员会自然而然地尝试更多的低于
横梁而大于守门员覆盖范围的射门。

（3）踩线得分和带球过线得分

踩线得分和带球过线得分的得分特点很明显——没有射门，而是
进攻球员通过带球进入防守球员后方的区域得分。这两种得分方式模
拟了球场中央和边路常出现的比赛情景。由于被抢断后球员没有立即
丢球的风险，球员会在后场更多地尝试带球或者横向传球。含有这两
种得分方式的训练一般强调 1v1 突破能力、防守球员的身体姿势、利
用宽度等非门前技术。

除了以上四种进攻球员目的外，完成连续传球次数、场地内的球
门、目标球员、反向球门等也是比较常见的球员目的，且各有优势。
这些进攻球员目的在有些训练中并不是独立的，它们可以相互组合成
一个训练中的进攻球员目的。例如第 7 章中的完成 6 脚传球次数后才
能射门得分，本章中特定目的的比赛 1 中的球员带球通过标志门才能
射大球门。这些训练中的两个进攻球员目的需要球队阶段性地完成，
但复杂的训练效果也是建立在完成两个目的的基础之上的。

6.1.2 特定规则的比赛

特定规则的比赛 1

扫码观看视频

训练类别: 自然比赛式训练

场地设置: 5 人制球场,7 人制大球门

人员安排: 4v4

球员目的: 只能接队友手抛球后头球射门

比赛规则: 球员用手抢断球或者接队友头球传球后最多只能持球移动 3 步;只能以手抛球 – 头球 – 手抛球的形式传球;不能自己抛给自己头球

训练要点: ①用前额顶球;②身体姿势;③抬起并借助手臂摆动顶球;④保持眼睛睁开

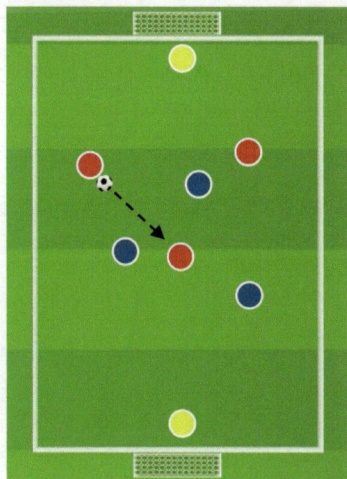

特定规则的比赛 2

训练类别: 自然比赛式训练

场地设置: 20m×12m 场地,边界上 8 个标志盘,每个标志盘上 1 个球

人员安排: 4v4

比赛规则: 将球踢出界后,由对手球队用离球出界处最近的标志盘上

的球发球，将球踢出界者将球捡回并放在该标志盘上后才能继续比赛

训练要点： ①制定策略；②快攻；③延缓

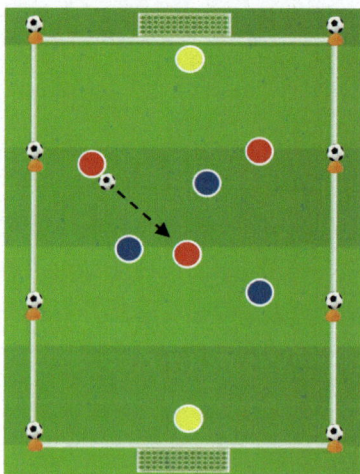

扫码观看视频

特定规则的比赛 3

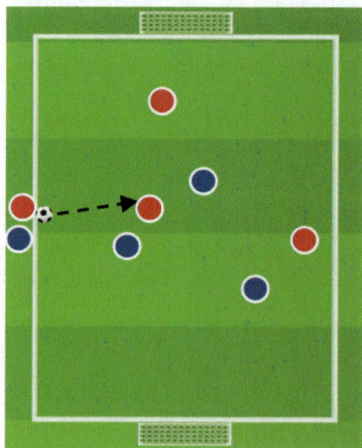

扫码观看视频

训练类别： 自然比赛式训练

场地设置： 5 人制球场

人员安排：4v4，无守门员

比赛规则：5 人制界外球及球门球规则；将球踢出界者出场，直至对方球队完成射门才能进场

训练要点：①避免使球出界；②快速进攻

6.1.3　特定场地的比赛

特定场地的比赛 1

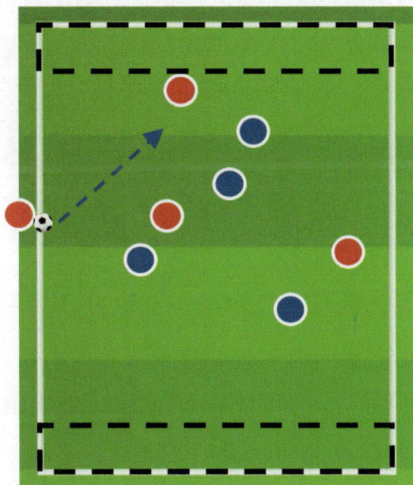

扫码观看视频

训练类别：自然比赛式训练

场地设置：25m×15m 场地，包括 2m 宽的得分区域

人员安排：3v3 或者 4v4

球员目的：球队通过在对方球门线处的得分区域踩球得分；在得分区域内接界外球并踩球不得分

比赛规则：手抛界外球规则；不能在对手得分区扔球；球队进球后或使球出对手球门线后由对手在其球门线上发球

训练要点：①朝脚下扔球；②以合理的角度和移动为接球创造空间

特定场地的比赛 2

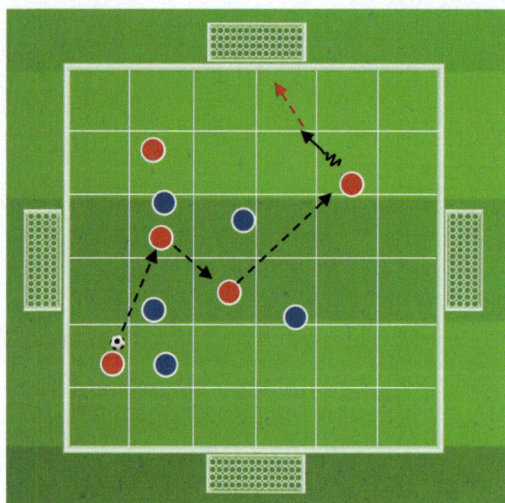

扫码观看视频

训练类别： 自然比赛式训练

场地设置： 4 个 5 人制球门，24m×24m 的正方形场地分为 36 个区域

人员安排： 5v5，无守门员

球员目的： 球员只能在与球门相邻的两个区域内射门

比赛规则： 球员不能在与传球者所在区域处于同一水平线和垂直线的区域内接球；出界或者犯规则由对手在出界处或者离犯规处最近的边界处发球

训练要点： ①提前思考；②创造传球路线

特定场地的比赛 3

训练类别： 自然比赛式训练

场地设置： 2 个大禁区大小的场地，8 个标志杆如图摆放，2 个大球门一侧摆放一个 1m 宽的小球门

人员安排： 5v5+1 名自由人

球员目的： 守门员只能防守大球门，两队球员除守门员外皆可进攻对方球门线上的两个球门

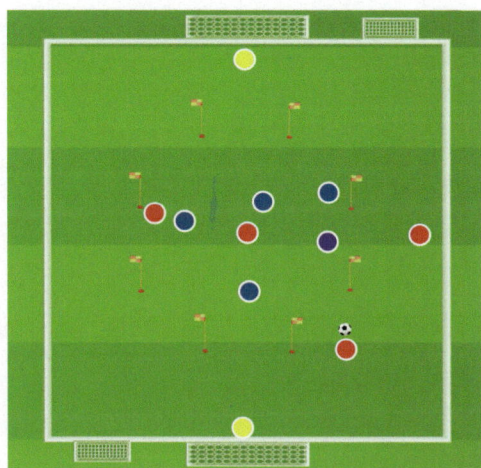

扫码观看视频

　　比赛规则：进攻方出界则由防守方守门员发球，进攻方进球则由进攻方守门员发球；不能将球回传给守门员

6.1.4　综合型比赛

综合型比赛 1

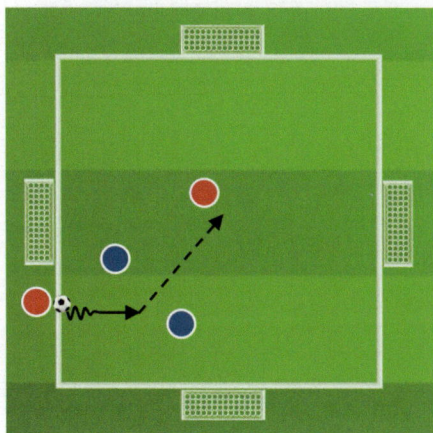

　　训练类别：自然比赛式训练

场地设置： 8m×8m 正方形场地，4 个 1.5m 宽的球门

人员安排： 2v2

球员目的： 发球方不能进攻与发球处在同一边界的球门

比赛规则： 球出界或者进球后，由对手球队在出界处或者被进球的球门所在的边界处发球；发球时对手保持在距离发球者的 5m 外，且可以用带球的形式发球

训练要点： ①转身技巧；②掩饰意图及假动作；③计划；④压迫与协防；⑤第二名球员的位置与移动

综合型比赛 2

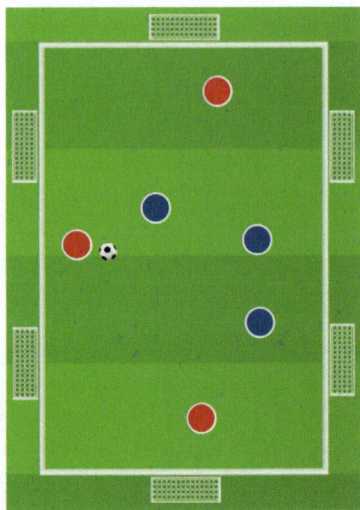

扫码观看视频

训练类别： 自然比赛式训练

场地设置： 12m×18m 场地，6 个小球门

人员安排： 2v2 或者 3v3

球员目的： 双方球员进攻 6 个小球门，但发球方不能进攻离发球处最近的 2 个球门

比赛规则： 球出界或者进球后，由对手球队在出界处或者被进球的球

门两侧发球，发球时对手保持在距离发球者的 5m 外，且可以用带球的形式发球

变化与进阶： 发球方可以进攻离发球处最近的 2 个球门，但需在完成 1 次球权交换后

训练要点： ①过人技巧；②平衡；③第三名球员的位置与移动

综合型比赛 3

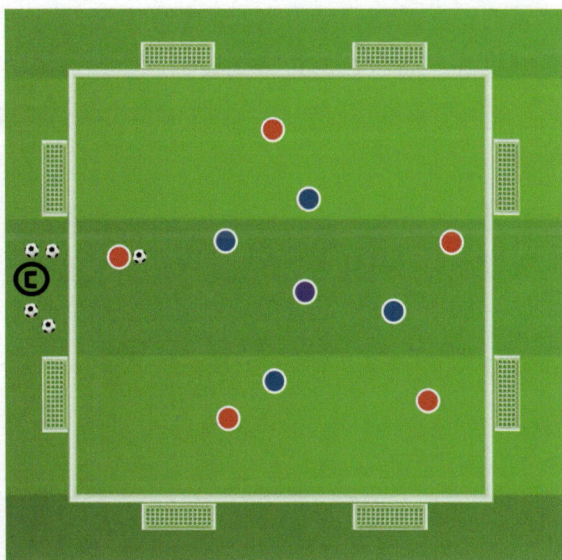

扫码观看视频

训练类别： 情景再现式训练

场地设置： 16m×16m 正方形区域，正方形的每条边上有 2 个 1m 宽的小球门

人员安排： 4v4+1 名自由人；自由人与拥有球权的球员为一队

球员目的： 控球队与自由人完成 5 脚传球后进攻任一球门；防守球队得球后进攻任一球门

比赛规则： 球出界或者进球后由教练发球以保证比赛的流畅性

变化与进阶： 防守球队得球后与进攻球队交换角色

训练要点： ①传球选择；②提前思考；③反抢；④抢断后的选择

环境设置分析——不同的比赛场地与训练效果

场地是训练环境的组成元素之一。对抗训练中不同场地的设置，会使不同的技战术具备不同的优势。几种简单且常见的场地设置如下。

（1）宽短型球场

宽短型球场的特点是边路球员有更大的活动空间，他们远离危险区域且便于发动进攻。所以在宽短型球场训练中，过人能力、拉开宽度、传中和包抄能力、进攻三区及防守一区等常常作为训练的重点。

（2）长窄型球场

在长窄型球场中，球员需要利用球场的纵向距离，尽量利用长传球将球快速过渡到前场，避免在后场进行危险的、不必要的短传和过人，然后在前场充分利用场地的宽度进行快速的进攻配合。因此，在长窄型球场训练中一般强调长传球传接技术、进攻配合、前场逼抢、防线的距离等。

比赛式训练中场地的宽度和长度影响训练的重心

（3）小场地和大场地

同样的训练在场地大小不同的限制条件下会产生不同的训练效果，例如第 3 章中的 1v1 控球循环中，球员由于没有过多的空间带球，只能利用身体护球来保护球权，若扩大场地范围，球员可以利用带球、摆脱等技术来控制球权，这样这些技术的使用频率会得到相应的提高。而在抢圈训练中，球员在小型场地抢圈时，会因为没有多余的处理球的空间而更多地使用一脚传球或转身接球技术而非接球转身技术；相反，球员在大型场地抢圈时，在没有出球点的情况下，可以通过带球、接球转身来寻找合适的出球点。

在有对抗的训练中，场地的设置常常与特定的规则和球员目的相结合，使球员使用某项技战术的优势得以体现，从而提高该技战术的使用频率和增强球员的实战能力。

6.2　有自由人的比赛

6.2.1　前场自由人

有前场自由人的比赛 1

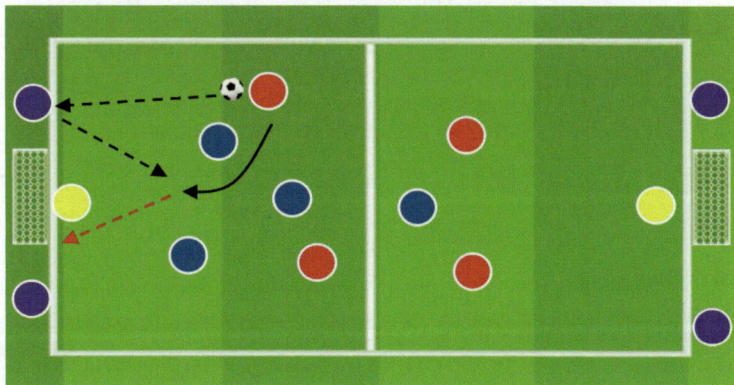

训练类别： 自然比赛式训练

场地设置： 5 人制球场

人员安排： 5v5+目标球员；各队自由人位于对手球门两侧

球员目的： 如果由自由人助攻进球，算 2 个进球

比赛规则： 球队得 5 分后交换自由人；自由人有 2 次触球限制

变化与进阶： 自由人有 1 次触球限制

训练要点： ①提早观察自由人；②出球能力；③变换角色

扫码观看视频

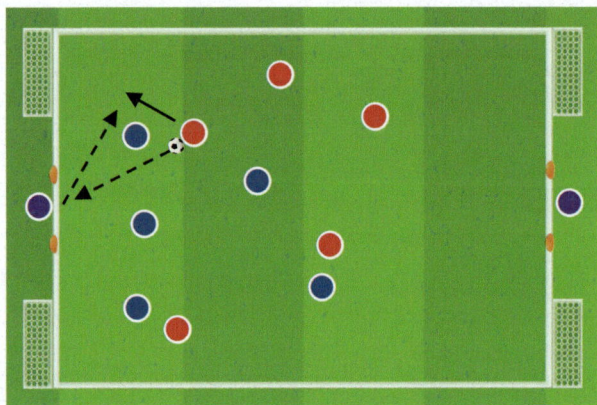

有前场自由人的比赛 2

训练类别： 自然比赛式训练

场地设置： 5 人制球场，两边各 3 个球门，中间的球门为 2m 宽的标志门，两边为 2m 宽的小球门

扫码观看视频

人员安排： 5v5+2 名自由人，2 名自由人处于标志门内

球员目的： 射小球门得 1 分；与前场自由人传接球后射门得 2 分

比赛规则： 球队使球出界后由对手球门线上的自由人发球；可以回传给本方球门线上的自由人

训练要点： ①当选择向前时，快速进攻；②在进攻三区时通过跑动创造空间

6.2.2　边路自由人

有边路自由人的比赛 1

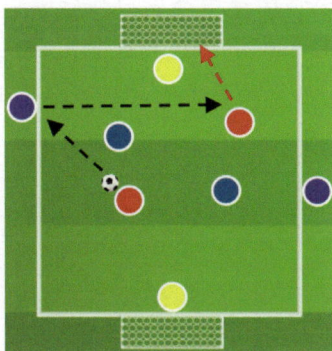

扫码观看视频

　　训练类别： 自然比赛式训练

　　场地设置： 15m × 18m 场地

　　人员安排： 3v3+2 名自由人

　　比赛规则： 场地外球员有 1 脚触球限制，场地内球员有 3 脚触球限制；

3 分钟后轮换；守门员和场地外的球员不能射门；球出界则由自由人发球

　　训练要点： ①保持活动空间；②跑动时机；③射门跟进

有边路自由人的比赛 2

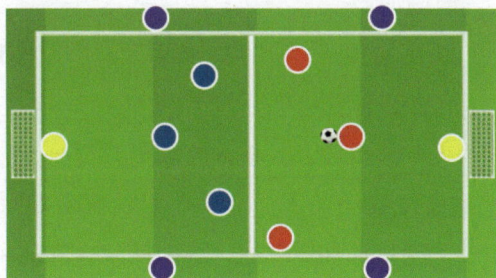

扫码观看视频

　　训练类别： 自然比赛式训练

场地设置： 5人制球场分为2块区域

人员安排： 3个队，每队4人，其中一个队做自由人，在边界上做墙；另外两队在场地内进行4v4

比赛规则： 球员可以利用自由人进行短传配合，自由人可以在边界外移动；自由人有2次触球限制；3分钟轮换队伍，胜者留在场上

训练要点： ①不要过度上抢；②创造盲侧跑动和聪明的短传配合；③保持移动，创造机会去短传

6.2.3 全场自由人

有全场自由人的比赛 1

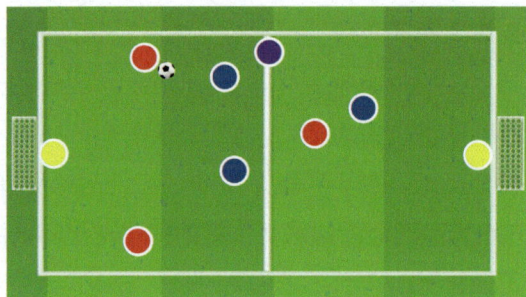

扫码观看视频

训练类别： 自然比赛式训练

场地设置： 5人制场地

人员安排： 4v4+1名自由人，一队1名后卫、2名前锋、1名守门员，另一队2名后卫、1名前锋、1名守门员

比赛规则： 自由人不能射门，其他人可以射门得分

训练要点： ①球员位置的职责；②尽可能站在防守球员中间；③创造转身的空间和时间；④保持球快速移动；⑤使球快速移动的方法

变化与进阶： 除自由人外的所有球员只能在己方的半场；自由人有2次触球限制，但是能在全场移动；自由人可以射门

有全场自由人的比赛 2

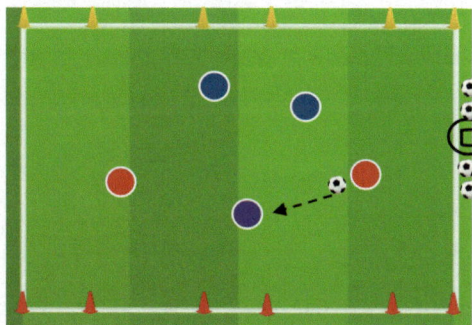

扫码观看视频

训练类别： 自然比赛式训练

场地设置： 12m×18m 场地；长边有 3 个宽 1.5m 的标志门

人员安排： 2v2+1 名自由人

球员目的： 使球过球门得分

比赛规则： 球出界或者得分时，教练可以发球给处于空当的球员继续比赛，也可以下达指令使双方比赛队员与替补队员交换

变化与进阶： ① 3v3+1 名自由人；② 只能带球过球门得分

训练规则分析——自由人的设置

　　自由人的设置常常出现在抢圈训练和小型比赛中。一般来说，自由人会扮演控球球员队友的角色，来增强控球球队的人数优势，或者作为一个支点或目标球员的角色被控球球队利用起来。但在小型比赛中，自由人在场地内的位置决定了其支点的作用，这个作用在自由人被限制触球次数的条件下更加明显，进而使训练的重心发生偏移。

　　根据在小型比赛中的位置，自由人可分为前场自由人、边路自由人和全场自由人。

（1）前场自由人

当自由人在前场时，对于场上的球员，他们就像球门旁的一堵墙，利用他们进行撞墙式配合或者分给其他插上的球员来完成射门便成了训练的重点。

（2）中场自由人

当自由人在中场时，对于控球的球队，在边路活动的自由人使他们多了一个拉开宽度的队友，他们可以利用这样的自由人进行转移、过渡，或者与其进行直传斜插、斜传直插、后套、交叉掩护式二过一等边路与中路的进攻配合。

（3）全场自由人

当自由人能在全场自由活动时，持球球队相当于多了一名球员。在进攻时刻，他们可以充分利用场地和人数优势来控制比赛节奏，并随时发动进攻。在防守时刻，由于在人数上存在劣势，丢球球队必须保证阵形的紧凑。而在由攻转守时刻和由守转攻时刻，面对队友数量的减少或者增加，进攻球员如何快速展开、防守球员辨别场上局势来判断是快速反抢还是回缩防守的重要性将会凸显出来。

除了以上三种自由人外，还有常出现在其他有对抗训练中的后场自由人，他们在参与对抗的进攻球员后方为其提供各种向前的传球，为其制造不同的进攻情景。自由人位置的不同决定其性质的不同，这个理论同样能衍生到抢圈、进攻配合、1v1 等需要利用自由人的训练中。除了自由人的位置外，自由人的数量、能否射门与反抢及结束反抢状态的时间也会影响训练的重心，这是教练需要研究的。

6.3 特定区域的比赛

比赛场地可用横向或纵向的限制线划为不同的区域，或者可将比赛中局部战术实行的区域从完整的比赛场地中切割出来。这种小型比赛被称为特定区域的比赛。这些特定区域通常有边路特定区域、中场特定区域、以中场线划分的区域等。

　　不同位置的球员在比赛时的活动范围不同，他们分工合作，各司其职，球队才能拥有好的表现。纵向和横向的限制线限制了球员的活动范围，但也凸显了处于不同位置的球员的职责和优势。

　　特殊的场地切割型比赛将常规比赛场地进行了切割，使比赛中发生在该场地的情景得以反复出现。其场地和战术与体系中的定位发球型战术训练虽然相同，但发球规则与正常比赛相似，双方球队均拥有出界发球权，是一个封闭的、可自主循环的比赛。

6.3.1　边路特定区域

边路特定区域 1

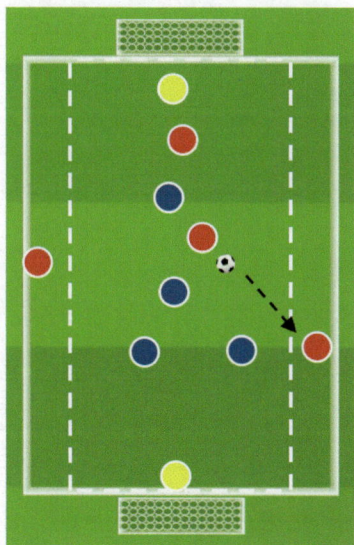

扫码观看视频

训练类别： 自然比赛式训练

场地设置： 5人制场地，两边各有1个4m宽的边路通道

人员安排： 5v5

比赛规则： 有控球权的球队可以直接进入边路通道；无控球权的球队的球员进入边路通道前必须翻滚一圈，翻滚后必须在3秒内进入通道，否则应重新翻滚；每队只能有1名球员进入1个通道

训练要点： ①球员进入通道前护住球（球权交换时）；②快速进攻

边路特定区域2

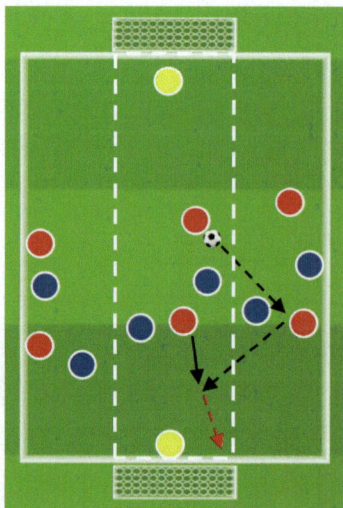

扫码观看视频

训练类别： 自然比赛式训练

场地设置： 7人制场地被2条纵向的限制线分成3块区域

人员安排： 7v7，各队每块区域内有且只能有2名除守门员外的球员

比赛规则： 相邻区域的球员能交换场地，但必须保证每块区域内均有2名球员

训练要点： ①守门员发球时，防守阵形处于高位；②守门员的发球；③边路球员展开；④中间的球员先拉开后拖后；⑤积极的第一脚触球；⑥引导队友传球；⑦支援角度；⑧随阵形的移动；⑨交流；⑩保持宽度和长度

边路特定区域 3

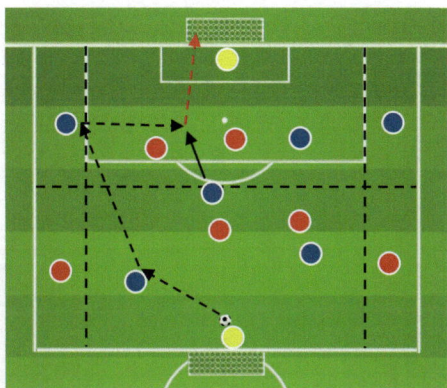

扫码观看视频

训练类别： 自然比赛式训练

场地设置： 20m×25m 场地分成 6 个区域，2 个大球门

人员安排： 7v7，2 队各派 2 名球员在己方前场边路区域活动，其他球员在中间的 2 个区域活动，球员不能离开指定区域

比赛规则： 获得球权的球队可以将球传给己方位于前场边路区域的球员；前场边路区域的球员有 4 秒带球时间限制

变化与进阶： 前场边路区域的球员得球后可以进入中间场地，但在进入之前有 2 脚触球限制，且传球给他的球员进入他原来的区域并替代他的位置

训练要点： ①抢断后的转移；②边路传中技巧；③中路包抄

6.3.2　中场特定区域

中场特定区域 1

训练类别： 自然比赛式训练

场地设置： 1/4 的 11 人制场地分为 3 个区域

人员安排： 各队 3 名中场球员在中央区域，1 名前锋和 1 名后卫在前场和后场区域，球员不能离开指定区域

扫码观看视频

比赛规则： 球出界或者进球则均由对方守门员发球

变化与进阶： ①球在对方前场时，1 名中场球员可以进入前场区域，形成 2v1；②球在对方前场时，2 名中场球员和对手球队的中场球员可以进入前场区域，形成 3v2

训练要点： ①守门员发球时的后卫和中场球员接应；②插上的球员和时机

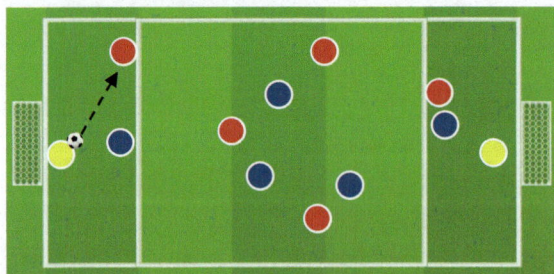

中场特定区域 2

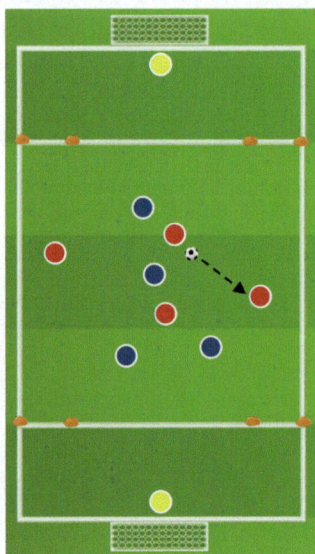

扫码观看视频

训练类别： 自然比赛式训练

场地设置： 5 人制球场分为 3 个区域，中间区域边界上设置 4 个标志门

人员安排： 5v5，两队除守门员外所有球员开始时只能在中间区域内

球员目的： 带球通过标志门得分；通过标志门后射有守门员把守的球门得分

比赛规则： 其中一个球队带球突破对面球队的 2 个标志门后，所有球员都可以参与到正式比赛中来，直至球出界或者进球；在中间区域内比赛时，球出界后在出界处发球；如果球在中间区域外出界或者进球，除守门员以外的所有球员回到中间区域，使球出界或进球方的对手球队在其标志门线上发球

变化与进阶： ①通过标志门得分的方法可以是球员跑过标志门后接传球；②允许球队不通过标志门进入对方区域，但如果通过标志门后得分，可以得双倍分数；③球员没有区域限制，恢复正常比赛，但如果通过小门后得分，可以得双倍分数

中场特定区域 3

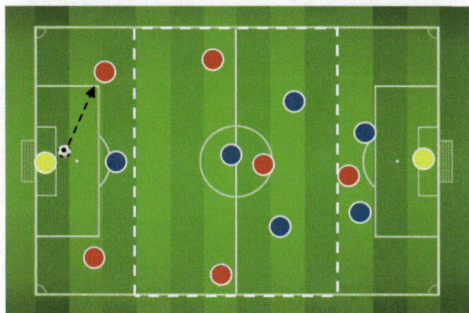

扫码观看视频

训练类别： 自然比赛式训练

场地设置： 7 人制球场分为 3 个区域

人员安排： 每队 2 名后卫、3 名中场球员、1 名前锋、1 名守门员，球员只能在指定区域内活动

比赛规则： 在区域内满足传球次数后（例如：后场 3 次，中场 2 次，

前场2次）球才能进入前一区域或者球员才能完成射门；无角球，有球门球和界外球

变化与进阶：①中后场球员有触球次数限制；②球进入前场后，2名边前卫可以进入前场参与进攻；③球进入前场后，对方2名中场球员可进入对方后场参与防守；④球进入对方前场后，本队2名后卫必须进入中场，否则进球无效；⑤设置越位规则

中场特定区域4

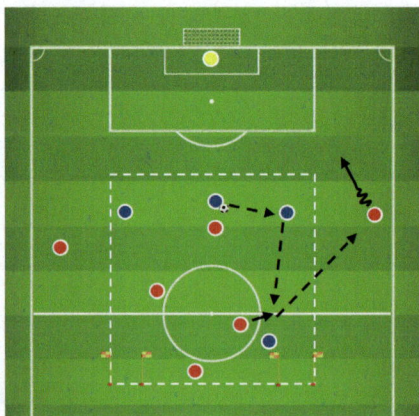

扫码观看视频

训练类别：自然比赛式训练

场地设置：7人制球场，中间有矩形区域，矩形区域内有标志杆组成的2个球门

人员安排：矩形区域内4v4，矩形区域两侧各有1名红队中前场球员，蓝队有一名守门员

球员目的：球出矩形区域前蓝队进攻2个标志门，区域内的红队球员夺下球权并传给区域两侧的队友；球出矩形区域后红队进攻大球门，蓝队球员破坏球

比赛规则：①蓝队进攻2个标志门时，有2次触球限制；②边路球员传中前有3次触球限制

训练要点： ①抢断及抢断后的第一反应；②寻找合适的时机前插

6.3.3　以中场线划分

以中场线划分的比赛 1

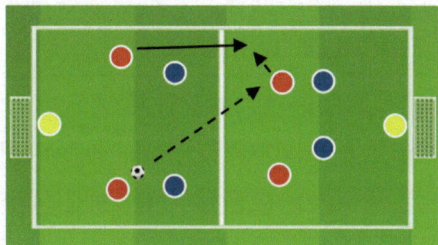

扫码观看视频

训练类别： 自然比赛式训练

场地设置： 5 人制球场，中场线同时作为进攻限制线和防守限制线

人员安排： 5v5；两队均为 2-2 阵形，球员待在本方半场

比赛规则： 双方的前锋和后卫不能越过限制线，只能传球使球进入另一半场地

变化与进阶： ①各队前锋和后卫可以交换位置；②球进入对方半场后，1 名后卫可以进入对方半场形成 3v2

训练要点： ①前锋和后卫的职责；②支援的时机、角度和距离；③传球质量；④1 或 2 次触球限制；⑤理解队友意图

以中场线划分的比赛 2

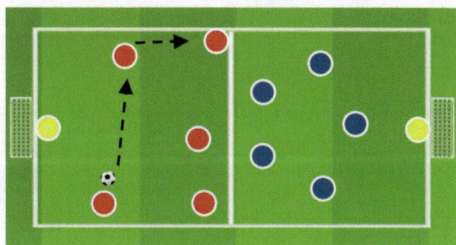

扫码观看视频

195

训练类别： 自然比赛式训练

场地设置： 7 人制比赛场地

人员安排： 6v6，每队 1 名教练；没有控球权的球队的所有球员只能待在本方半场（中场线为防守限制线）

球员目的： 如果进球时，被进球的球队除守门员外还有球员没有回本方半场，进球球队得 2 分；如果进球时，进球球队的球员没有全部进入对方半场，不得分

比赛规则： 由守门员开始发球，无界外球

训练要点： ①防守方阵形；②获得球权的抢断时机；③思考决策通过抢断获得球权后，到底是保持球权还是快速反击；④不要过度逼抢；⑤思考过度逼抢会发生什么

6.3.4　场地切割型比赛

场地切割型比赛 1

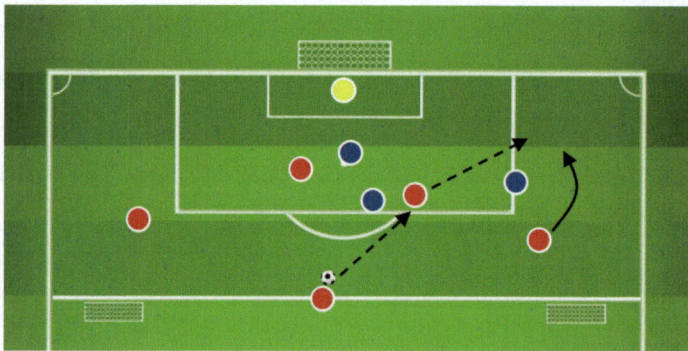

训练类别： 自然比赛式训练

场地设置： 根据比赛要求和人员安排灵活选择 1/4 的场地；1 个大球门，2 个小球门

人员安排： 5v4 或者 6v5 或者 7v6，蓝队有 1 名守门员

扫码观看视频

球员目的： 红队进攻大球门，蓝队进攻 2 个小球门

比赛规则： 蓝队进球或者球出红队球门线后，由红队用脚在红队球门线上发球；球出其他边界线则按常规比赛发球规则处理

训练要点： ①比赛速度；②提前跑动；③第三名球员的跑动；④提前思考，接应；⑤背向球门时处理球的能力；⑥决策和计划

场地切割型比赛 2

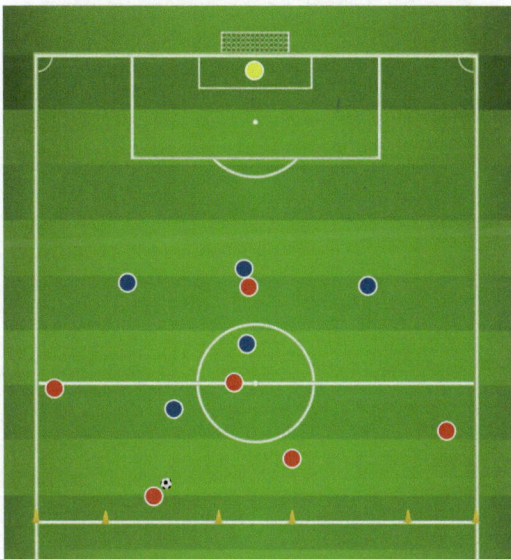

扫码观看视频

训练类别： 自然比赛式训练

场地设置： 2/3 的场地，红队球门线上设置 3 个宽 2m 的标志门

人员安排： 6v6 或者 7v7 或者 8v8 或者 10v10，蓝队有 1 名守门员

球员目的： 红队进攻大球门，蓝队进攻 3 个标志门

比赛规则： 蓝队进球或者球出红队球门线后，由红队用脚在红队球门线上发球；球出其他边界线，则按常规比赛发球规则处理

变化与进阶： 没有界外球和角球

训练要点： ①球在进攻二区和进攻三区时、守门员发球时，进攻球队

与防守球队的阵形；②攻防转换时的展开与反抢

场地切割型比赛 3

扫码观看视频

训练类别： 自然比赛式训练

场地设置： 3/4 的 11 制半场，红队球门线上设置 2 个 3m 宽的小球门

人员安排： 6v6，蓝队有 1 名守门员

球员目的： 红队进攻大球门，蓝队进攻 2 个小球门

比赛规则： 蓝队进球或者球出红队球门线后，由红队在红队球门线处发球；若球从非原 11 人制的边界线出界，在出界处以手抛界外球的方式继续比赛

变化与进阶： 没有界外球和角球

训练要点： ①边路进攻与防守；②守门员发球时展开阵形

六种训练模式之五——自然比赛式训练

　　自然比赛式训练是基于比赛但不改变比赛的封闭特性的训练。其特点是球队能在半脱离或完全脱离教练指令的条件下自主循环地完成

训练。所有的小型比赛均属于自然比赛式训练。

　　在自然比赛式训练中，球员目的是在对抗条件下完成的，它可能是射门、过线或者更加复杂的组合，这与情景再现式训练相同，但教练在训练中给球员的技术指导更少，更多的是靠球员自发地探索或自主应用技术。再加上训练都是由球员自主完成的，球员具有更高的自主性，主动思考能力和创造力能得到很好的培养。而且一般的小型比赛人数较正式比赛更少，球员触球率将大幅提高，进而提高技术和局部战术的应用率。

　　作为对抗强度最接近比赛的训练，自然比赛式训练有一定的难度，但它并不应是完全独立的。这些训练都要和相应的路线式训练、情景模拟式训练、情景再现式训练等训练相结合，有针对性地对球员技战术能力进行强化。

　　根据强度高、对抗多、触球率高、接近比赛、球员自由度高等特点，在一堂训练课中，自然比赛式训练应置于末尾或者常规比赛之前，是频繁出现的训练之一。

第 7 章 战术与体系

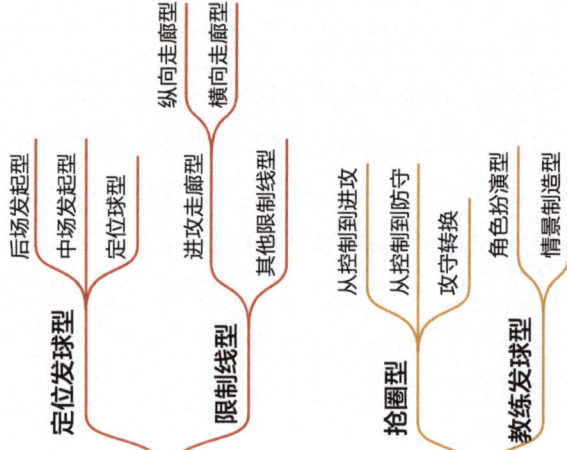

定位发球型
- 后场发起型
- 中场发起型
- 定位球型

限制线型
- 纵向走廊型
- 横向走廊型
- 进攻走廊型
- 其他限制线型

抢圈型
- 从控制到进攻
- 从控制到防守
- 攻守转换

教练发球型
- 角色扮演型
- 情景制造型

- 关于足球比赛的四大时刻
- 关于球队的体系
- 基于足球比赛四大时刻的战术训练
- 战术与体系训练分类表
- 四种训练分析方法之四——变化法
- 六种训练模式之六——情景再现式训练
- 训练观观分析——发球形式

关于足球比赛的四大时刻

维托尔·弗拉德的战术周期化理论认为，在足球比赛中，所有时间都可以由四个时刻构成：进攻时刻、防守时刻、从进攻到防守时刻和从防守到进攻时刻。

四大时刻是根据球权的归属和球队的状态来进行归类的。每支球队每场比赛都要经历这四大时刻，只是时间多少有区别。

进攻时刻： 球队控球，面对有组织的防守。

防守时刻： 球队进入正确的防守位置，并试图夺回球权。

由攻转守时刻： 球队丢失球权，但尚未组织好合理的防守阵形。

由守转攻时刻： 球队赢回控球权，而对手还没有进入他们所应该占据的防守位置。

从 Tiki-taka、长传冲吊到防守反击，几乎所有足球体系中的战术训练都是围绕四大时刻来进行的。将比赛分为四大时刻是简单且常规地将比赛过程进行情景分类的方法，它是设计球队战术训练的基础，也是分析比赛的重要手段。

关于球队的体系

战术训练不是零散的，而是成套的，而一整套的战术训练被称为体系。

教练不能盲目选择战术训练方法，如不能既要求球员训练 Tiki-taka，又要让球员训练长传冲吊。每一个体系中不同的比赛情境对应着截然不同的应对方法，所以教练需要了解每种体系在各种比赛情景中具体的战术打法和球队整体的水平后制定相应的训练，例如球队在前场控球时参与的人数、球队一般情况下采取什么类型的传中、防守球员在不同区域断球后球队下一步的动作等。

当然，同一体系中球队可以在不同情况下采取不同的应对方式，比如球队大比分落后时、球队领先时等，这些需要教练额外加以训练。而在青少年训练中，条件允许的情况下，教练应让球队熟练掌握多个体系。

基于足球比赛四大时刻的战术训练

本篇按照训练开始情景的不同总结了四种基于足球四大时刻的战术训练。它们分别是定位发球型、限制线型、抢圈型和教练发球型。针对这四种训练的训练手段大同小异，都是应用一定的规则和要求使特定的比赛情景得以重复出现。

在这四种训练中，定位发球型、限制线型训练是在进攻时刻和防守时刻的基础上设计的。而抢圈型和教练发球型训练不仅可以针对进攻时刻和防守时刻，还可以针对球队在比赛中的由进攻到防守时刻和由防守到进攻时刻。这些训练方法并非无交叉的，教练可以依据实际情况进行组合训练。

战术与体系训练分类表

训练开始情景	类型	
定位发球型	后场发起型	
	中场发起型	
	定位球型	
限制线型	进攻走廊型	纵向走廊型
		横向走廊型
	其他限制线型	
抢圈型	从控制到进攻	
	从控制到防守	
	攻守转换	
教练发球型	角色扮演型	
	情景制造型	

7.1　定位发球型

　　定位发球型战术训练是将界外球、球门球出界及射门进球后的发球位置和球队角色固定，使特定区域的比赛场景得以重复出现的战术训练。定位发球型战术训练是最常用、最基础的战术训练，其他类型的战术训练都是在定位发球规则的基础上进行的。另外，球队反复练习定位球战术也是定位发球型战术训练的一种。定位发球型战术适用性广，可用于讲解不同战术在各个区域的战术要求，教练可以在定位发球处准备足够数量的球以减少捡球的时间来保证训练的强度和质量。

7.1.1　后场发起型

后场发起型 1

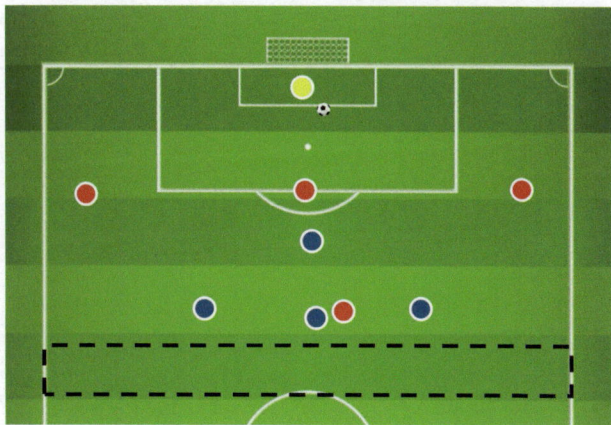

训练类别：情景再现式训练

场地设置：1/3 的 7 人制场地，2m 宽的目标区域

人员安排：5v4；防守队阵形为 3 名后卫、1 名后腰；进攻队阵形为 3 名前锋、1 名前腰

扫码观看视频

球员目的： 防守队带球入得分区域并踩球得分；进攻队进攻大球门得分

训练规则： 蓝队有越位规则限制；无界外球和角球，任何一方得分或者球出球门线，均由防守队守门员发球

训练要点： ①施压、协防、平衡；②使对手不得不移动去接应；③帮助球员观察那些可以给予有效压力的情景；④靠近以利于密集防守；⑤交流

后场发起型 2

扫码观看视频

训练类别： 情景再现式训练

场地设置： 2/3 的 7 人制球场

人员安排： 8v6；进攻队阵形为 3-1-2-1；防守队阵形为 2-1-3

球员目的： 防守队进攻大球门；进攻队进攻 3 个小球门

比赛规则： 蓝队有越位规则限制；无界外球和角球，任何一方得分或者球出球门线，均由红队守门员发球

训练要点： ①守门员发球时，各个球员的站位与身体朝向；②如何将球过渡到前场

后场发起型 3

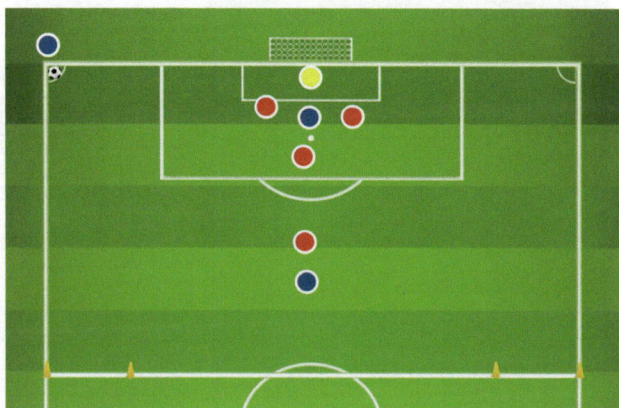

扫码观看视频

训练类别： 情景再现式训练

场地设置： 1/3 的 7 人制球场，蓝队球门线上设置 2 个标志角球门

人员安排： 3v5；蓝队有 1 名角球手、1 名前锋和 1 名后卫；红队有 1 名守门员、3 名后卫和 1 名前锋

球员目的： 蓝队进攻大球门；红队带球通过标志门得分

比赛规则： 每次球出界或进球后，都由蓝队角球手在角球处发球

变化与进阶： ①增加双方球队人数；②在标志门处设置红队目标球员，红队得球后传球给目标球员得分

训练要点： ①防守队尝试获得球权并利用边路进攻；②前锋获球后尝试射门；③防守队后卫尝试支援目标球员；④防守队员的站位与身体站位；⑤争抢第一点（角球发出后第一次落地前）

后场发起型 4

训练类别： 情景再现式训练

场地设置： 2/3 的 11 人制半场

人员安排： 8v7；红队有 1 名守门员、3 名后卫、3 名中场球员和 1 名前锋；蓝队有 3 名前锋、3 名中场球员和 1 名后卫

球员目的： 红队使球通过标志门得分；蓝队尝试抢断球后进攻大球门

比赛规则： 无界外球和角球；任何一方得分或者球出球门线，均由防守队守门员发球

训练要点： ①防守队的前场逼抢；②进攻队的展开与接应；③球队的整体移动

7.1.2　中场发起型

中场发起型 1

训练类别： 情景再现式训练

场地设置： 11 人制球场的大禁区前沿 24m×18m 的矩形区域，两个小球门在大禁区两侧边线的延长线和矩形区域底线的延长线的交界处；一个大球门

人员安排： 4v5

球员目的： 红队进攻大球门，蓝队进攻小球门

比赛规则： ①每次球出界或者进球由进攻队从中圈附近发球，可以带球发球；②所有球员在球进入大禁区前只能在虚线方框内活动

训练要点： ①大禁区前沿的进攻配合；②积极跑位；③隐藏意图

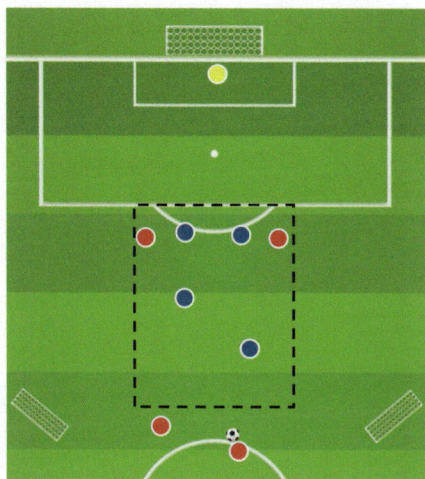

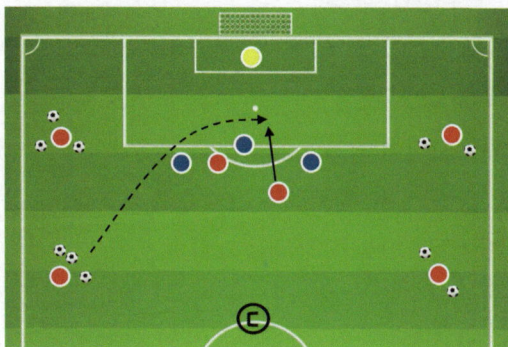

中场发起型 2

训练类别： 情景再现式训练

场地设置： 11 人制半场，4 个供球点

人员安排： 供球手在供球点准备供球；大禁区附近红队 2 名前锋，蓝队 3 名后卫、1 名守门员

球员目的： 红队前锋必须在 2 次触球的限制下进攻大球门；蓝队后卫将球截下后传给教练或者破坏球

比赛规则： 供球手传中前必须触 1 次球

训练要点：①保护与破坏球；②射门前的调整

中场发起型 3

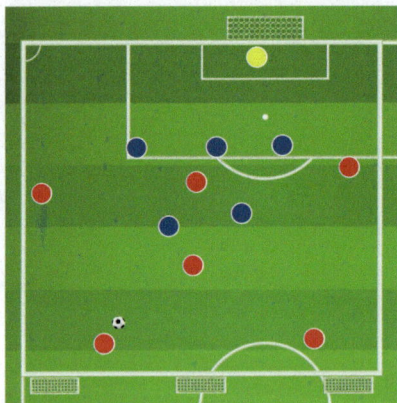

扫码观看视频

训练类别：情景再现式训练

场地设置：11 人制的部分场地；红队球门线处有 3 个小球门

人员安排：6 名进攻球员（红）v5 名防守球员（蓝）+1 名守门员

球员目的：红队进攻大球门；蓝队进攻 3 个小球门得分

比赛规则：每次球出界或者进球后，由红队球员在己方球门线上、靠近原场地边路区域的两个小球门之间传球开始比赛

变化与进阶：如果进球或者球出界，必须以供球手发球且边后卫从旁后套的形式开始比赛

训练要点：①拖后去为边后卫创造空间；②边后卫观察是否有条件去进行内切或者后套；③积极面对 1v1 情景；④完成射门或者传中

中场发起型 4

训练类别：情景再现式训练

场地设置：2/3 的 11 人制球场

人员安排：8v9；蓝队阵形为 4-1-2-1；红队阵形为 3-2-2-1

扫码观看视频

球员目的： 蓝队射小球门得分；红队射大球门得分

比赛规则： 有越位规则；任何一方得分或出界，由红队中后卫在己方球门线处发球

训练要点： ①施压、协防、平衡；②防线的移动和距离；③边前卫的位置；④中锋的位置；⑤靠近以利于密集防守；⑥交流

7.1.3　定位球型

定位球型 1

扫码观看视频

训练类别： 情景再现式训练

场地设置： 11 人制半场

球员要求： ①右前卫用右脚向球门前传出弧线球，如果发球处在右侧则用左脚；②左前卫在底线处，站在一个越位的位置，然后在发球队员发球时后撤；③一名中锋站在点球点正前方，J 字跑动进入两名球员中间；④一组球员跑向球门中央向近门柱头球射门，另一组跑向球门远端向远门柱头球射门；⑤传球要有速度和力量，这样进攻球员才有力量来头球射门；⑥右前卫可以传给左前卫，左前卫必须在发球时回到非越位位置

定位球型 2

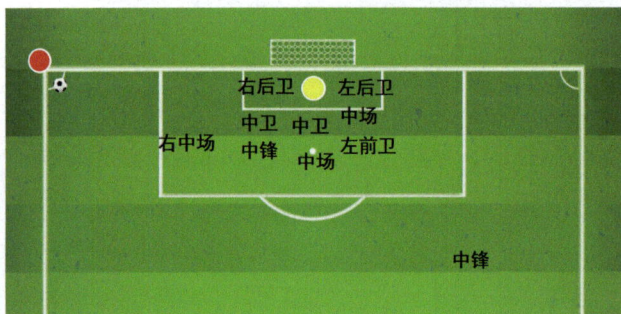

训练类别： 情景再现式训练

场地设置： 11 人制半场

扫码观看视频

球员要求： ①两名边后卫（左后卫的右后卫）站在门柱内侧，如果守门员向前移动，边后卫向内侧移动；②如果从另一侧发球，右前卫站在小禁区一角，身体朝向球门线；③中卫在小禁区前沿，大致与近球门柱呈一条直线；④较高的中卫从小禁区前沿、球门中央线上开始起动；⑤较高的中锋从与近球门柱呈一条直线距门柱 12 码（1 码 = 0.9144 米）处向内侧跑动；⑥较高的中场站在小禁区前沿，大致与远球门柱保持一条直线；⑦第二名中场在点球点上；⑧左前卫与近球门柱呈一条直线，距门柱 12 码；⑨球员转动身体，使自己能看到角球手和整个场地；⑩防守时，球员以近 90 度的弧线跑动，拦截任何处于他们前方和左边区域的来球

四种训练分析方法之四——变化法

改变训练内容后，通过观察训练效果的变化来分析训练，是简单且直接的训练分析方法——变化法。

可以从训练的三个要素（目的、规则、环境）着手来改变训练，也可以在原训练情景上增设或减少前置情景和后置情景。拉长球场、反向球门、带球前的敏捷训练等究竟会给训练带来哪些效果？这些问题的答案在训练中才能找出。

值得注意的是，我们首先应从改变训练的单一变量来分析，改变多个变量往往会带来组合形式的复杂变化。一位优秀的教练往往能预知改变训练内容所带来的效果，同样也能根据比赛问题设计球队所需要的训练，这得益于丰富的经验和大胆的尝试。

7.2　限制线型

限制线型战术训练中，比赛节奏的转换与各种类型的限制线有关。限制线型战术训练利用限制线划分球场区域，根据限制线的不同强调球队在不同区域的不同要求。

7.2.1　进攻走廊型

限制线常用于战术训练的方法是利用一条或多条限制线组成"进攻走廊"，拥有"进攻走廊"的战术训练被称为进攻走廊型战术训练。

进攻走廊型战术训练中有一段"安全区域"，比赛由处于"安全区域"内的进攻球员开启。进攻走廊型分为横向和纵向两种类型，模拟了比赛中内切射门、内切传球和边路传中的情景。

7.2.1.1　纵向走廊型

纵向走廊型 1

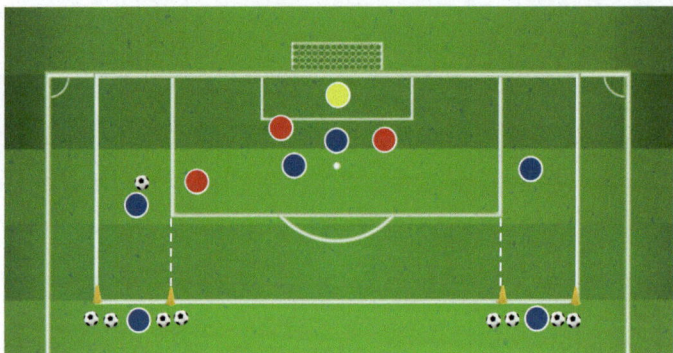

训练类别： 情景再现式训练

场地设置： 1/4 的 7 人制场地，2 个进攻走廊，2 个角球门

人员安排： 3v4；2 名边前卫只能在大禁区外

球员目的： 蓝队边路球员从角球门处带球出发，进攻大球门，球在 5 秒内必须进入大禁区；红队通过进攻两个角球门得分：如果直接头球得分得 3 分，通过破坏威胁球后直接得分得 2 分，通过传递得分得 1 分

比赛规则： 红队球员不能出大禁区；球出界或有球队得分后，由另一边路球员带球进入走廊区域，原球员出场地，比赛继续；无界外球、角球和球门球

变化与进阶： 4v4，两名边路球员同时参与进攻

扫码观看视频

训练要点： ①身体打开朝向传中球员和其他前锋；②站在进攻球员前面；③注意球的飞行轨迹；④球在空中时，调整头与球的角度；⑤防守球员和守门员靠近球时向球移动

纵向走廊型 2

训练类别： 情景再现式训练

场地设置： 7 人制场地划分为 3 个区域

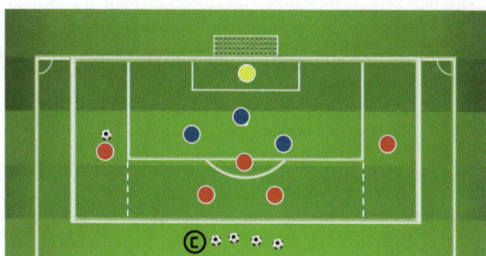

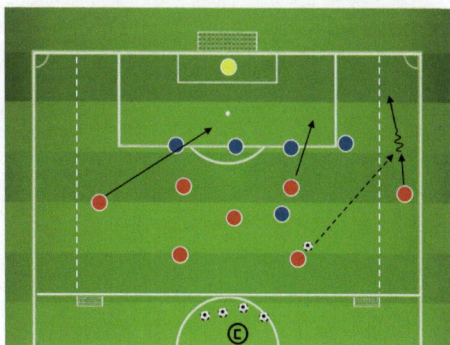

扫码观看视频

人员安排： 5v4；蓝队 1 名守门员，红队、蓝队各 3 名球员在中间区域，红队 2 个边翼球员在两侧区域，各区域的球员不能离开原区域

球员目的： 红队进攻大球门；蓝队破坏球或者将球传给教练

比赛规则： 球出界或者进球后由红队球员在己方球门线处传球给中锋后开始比赛；有越位规则；蓝队球员不得进入边路区域

变化与进阶： 在蓝队球门线上设置 2 个小球门，防守球员将球踢进小球门得分

训练要点： ①寻找传中时机；②阵形的移动

纵向走廊型 3

扫码观看视频

训练类别： 情景再现式训练

场地设置： 11 人制场地划分为 3 个区域

人员安排： 红队 3 名前锋和 4 名中场球员；蓝队 4 名后卫、1 名中场

球员和 1 名守门员

球员目的： 红队进攻大球门；蓝队将球踢进小球门得分

比赛规则： 球出界或者进球后由红队中场球员在己方球门线上发球；有越位规则；蓝队球员不得进入边路区域

变化与进阶： 边路球员传球时，进攻球员只能在大禁区内完成射门

训练要点： ①寻找传中时机；②阵形的移动

7.2.1.2 横向走廊型

横向走廊型 1

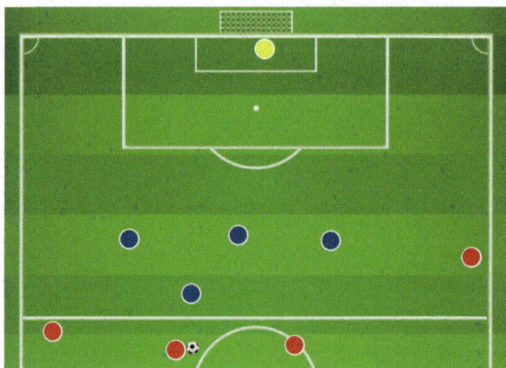

扫码观看视频

训练类别： 情景再现式训练

场地设置： 1/3 的 7 人制场地；1 条防守限制线

人员安排： 4v5；蓝队 4 名后卫、1 名守门员；红队 2 名中前卫、2 名边锋；开始时 1 名进攻球员面对 4 名防守球员

球员目的： 红队可在限制线后互相传球，并寻找机会传给处于有利位置的边锋后整体向前进攻；蓝队在球未越过限制线前随球移动，在球越过限制线后破坏球

比赛规则： 蓝队不能越过限制线抢球；球出界或者进球后由红队中场球员在限制线后发球

变化与进阶： ①红队增加 1 名中锋；②蓝队增加 1 名后腰

训练要点：①合理的身体姿势；②交换位置的时机；③处于不同位置的球员的防守职责；④整体移动

横向走廊型 2

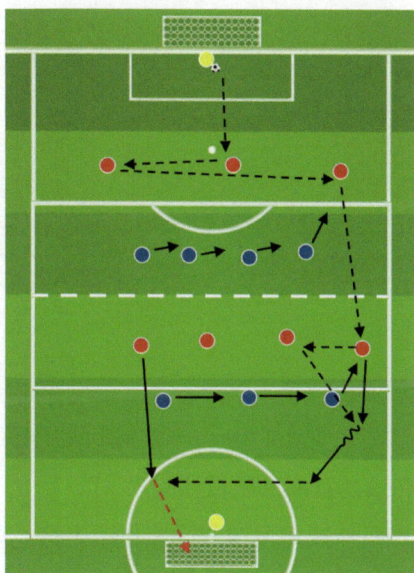

扫码观看视频

训练类别：情景再现式训练

场地设置：3 个大禁区大小的场地，中间区域再被场地中线分为 2 个区域；2 个大球门

人员安排：除双方守门员外，双方球员开始时在 4 个区域内；各队 3 名后卫、4 名前锋，球员不能离开自己原来所在的半场

球员目的：守门员发球传给己方后卫，由后卫寻找机会传给前锋，前锋寻找机会破门得分；防守方后卫得球后回传给守门员或者传给己方前锋，前锋得球后直接寻找机会破门得分

比赛规则：没有界外球；一方进攻完成后由另一方守门员发球继续比赛

训练要点：①前场逼抢；②渗透性传球；③快速摆脱防守；④后防线的移动

横向走廊型 3

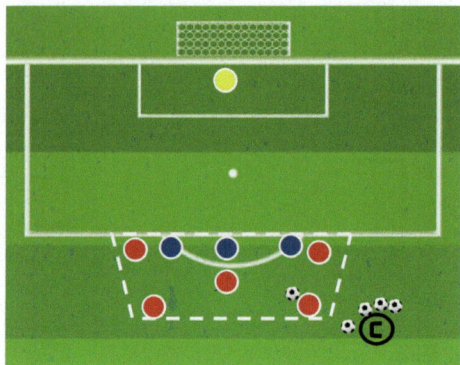

扫码观看视频

训练类别： 情景再现式训练

场地设置： 在大禁区前沿设置梯形区域

人员安排： 蓝队 3 名后卫、1 名守门员；红队 3 名前锋、2 名中场球员；除守门员外球员只能在禁区及梯形区域活动

球员目的： 红队球员持球带过梯形区域长边得分；蓝队球员破坏球得分

比赛规则： 有越位规则；球出界或者蓝队球员截球后由教练发球，重新开始比赛

变化与进阶： 红队可以进入大禁区并射门

训练要点： ①平行防线的移动；②贴住进攻球员；③球员间的距离

六种训练模式之六 —— 情景再现式训练

战术周期化理论认为，所有东西都与比赛情景紧密相连：没有为了增强整体耐力而进行的跑步训练，只有为了加强在某个特定时刻需要的具体的耐力而进行的奔跑，这是情景再现式训练的由来。情景再现式训练将应用技战术的区域从比赛中剥离，模拟该技战术发生的情景，使想要球员提升的技战术得以反复出现。

情景再现式训练可以按照针对的技战术进行分类。针对技术的，有 1v1、一般的抢圈训练等；针对局部战术的，有技术强化型、实战演练型和一些小范围的战术训练；针对战术的，有场地切割型比赛、一般的战术训练等。

这些训练根据特定技战术的应用将比赛分解成能够完整应用该技战术的情景。与情景模拟式训练相比，情景再现式训练的对抗强度接近比赛，球员有更多的自主发挥空间。相比于自然比赛式训练和正式比赛，教练在情景再现式训练中会根据相应的技战术进行讲解和示范，这使得训练更具针对性。因此，情景再现式训练常常作为比赛式训练的前置训练和情景模拟式训练的后置训练。

反复实战是技战术成为比赛本能的必要条件。因此，将重心放在技战术熟练和在比赛中运用上的情景再现式训练，是职业训练中常见的训练之一。

7.2.2　其他限制线型

其他限制线型 1

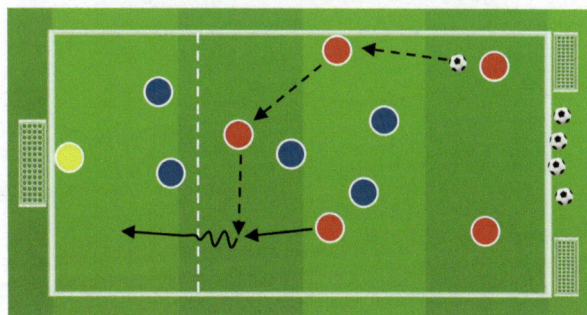

扫码观看视频

训练类别：情景再现式训练

场地设置：5 人制场地，1 个 5 人制球门，2 个 1m 宽的小球门；设置

高位带球限制线

人员安排： 5v6；蓝队 2 名球员只能在限制线后，另外 3 名球员只能在限制线前

球员目的： 红队球员必须先带球过限制线后才能进攻大球门，蓝队球员进攻 2 个小球门

比赛规则： 球出界或者进球后由红队在己方球门线处发球

训练要点： ①阵形的宽度和深度；②鼓励球员带球过线，形成 1v1；③交流

其他限制线型 2

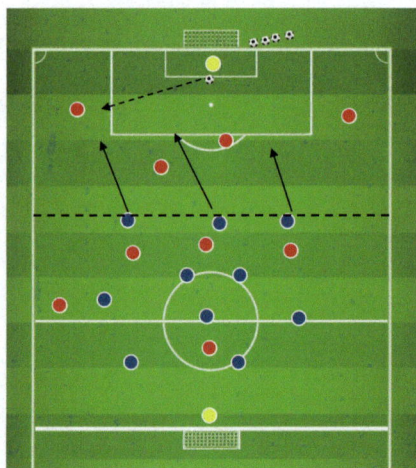

扫码观看视频

训练类别： 情景再现式训练

场地设置： 2/3 的 11 人制球场，2 个大球门，1 条防守限制线

人员安排： 红队阵形为 4-4-1，蓝队阵形为 3-3-4

比赛规则： 无论是球出界还是进球，始终由红队守门员发球；红队守门员发球必须传给后卫；红队守门员发球时蓝队必须在限制线之后

训练要点： ①每位球员的任务和职责；②什么时候球队集体施压，什么时候回缩防守

其他限制线型 3

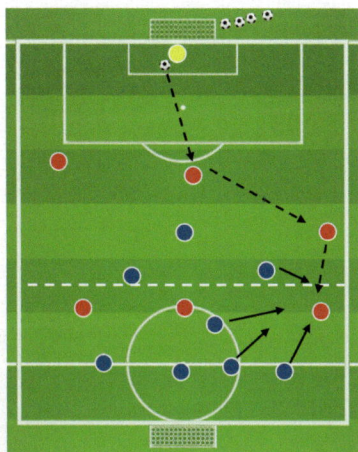

扫码观看视频

训练类别： 情景再现式训练

场地设置： 11 人制场地中如图所示的区域，2 个大球门；1 条射门限制线

人员安排： 红队 7 名球员，其中有 1 名守门员；蓝队 8 名球员

比赛规则： 无论是球出界还是进球，始终由红队守门员发球；红队必须在限制线后才能射门

变化与进阶： ①红队有触球次数限制；②蓝队得球后有进攻时间限制或者传球次数限制

训练要点： ①施压、补位、协防、封堵、防守诱导、防线的移动；②快速反击

7.3　抢圈型

抢圈型战术训练是由抢圈训练衍变而来的，训练一般从抢圈训练开始，双方球队以抢断球或者满足指定的连续传球次数为情景转换点，分别进入进攻时刻和防守时刻。

抢圈型战术训练在四大时刻的基础上分成了从控制到进攻、从控制到防守和攻守转换三种，它们在训练了进攻球队在发动进攻前的控球、由控球向发起进攻的转变和丢球后的抢断与控制的同时，也会对防守球队的由守转攻时刻提出战术上的要求。

7.3.1 从控制到进攻

从控制到进攻 1

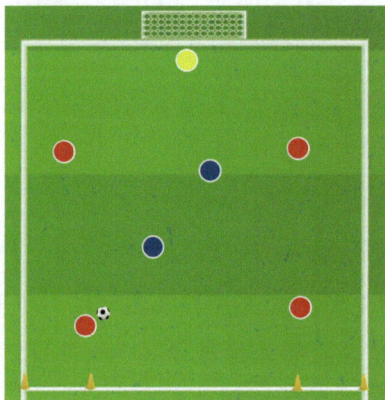

扫码观看视频

训练类别： 情景再现式训练

场地设置： 5人制半场，1个5人制球门，2个标志角球门

人员安排： 4v3；蓝队有1名守门员

球员目的： 红队6脚连续传球后进攻大球门；蓝队得球后进攻2个标志门

比赛规则： 球出界则由红队发球，在哪里出界就在哪里发球（原蓝队球门球时，由红队发角球）

变化与进阶： ①蓝队增加1名球员；②红队球员射大球门被扑出或者中柱后有1次补射机会

训练要点： ①接应与拉开；②交流；③阅读比赛，提前思考

从控制到进攻 2

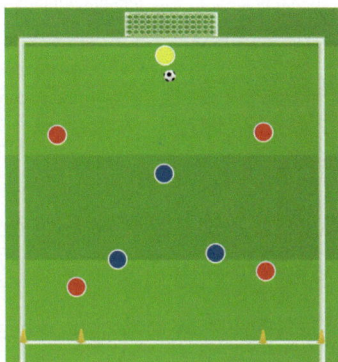

扫码观看视频

训练类别： 情景再现式训练

场地设置： 5 人制半场，1 个 5 人制球门，2 个标志角球门

人员安排： 5v3

球员目的： 蓝队 4 脚连续传球后进攻大球门；红队得球后进攻 2 个标志门

比赛规则： 如果球出界，由红队守门员发球

变化与进阶： 如果球出界，由红队在出界处发球（原蓝队发角球时，由红队发球门球）

训练要点： ①接应与拉开；②交流；③阅读比赛，提前思考

从控制到进攻 3

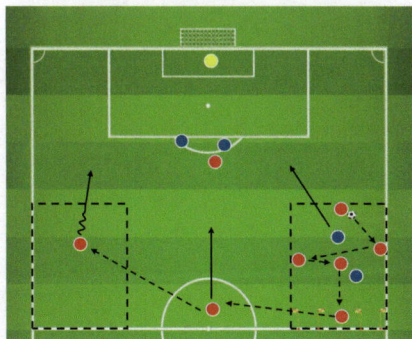

扫码观看视频

训练类别： 情景再现式训练

场地设置： 1/2 的 11 人制场地内有 2 个矩形区域、1 个大球门，其中一个区域内有 2 个标志门

人员安排： 开始时 5 名红队球员和 2 名蓝队球员在一侧区域抢圈，中圈内和另一侧区域各有 1 名红队球员，大禁区前沿有 1 名红队球员和 2 名蓝队球员，蓝队在大球门前有 1 名守门员

球员目的： 右侧红队球员完成 6 脚传球后传给中场球员，再由中场球员过渡给另一侧的边路球员，然后由边路球员向前带球发动进攻；中场球员传球的同时，原抢圈区域的红队球员和蓝队球员参与比赛；红队进攻大球门；蓝队在红队转移前进攻标志门，在红队转移后破坏球

比赛规则： 球出界或者进球后，两队互换角色并在另一侧区域开始抢圈，继续训练

训练要点： ①抢断后的身体朝向；②转移速度；③边路球员带球进攻时大禁区内两队球员的移动

7.3.2　从控制到防守

从控制到防守 1

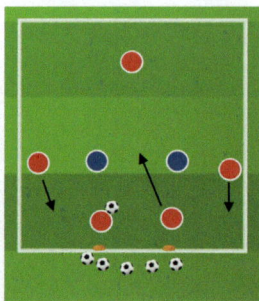

扫码观看视频

训练类别： 情景再现式训练

场地设置： 5 人制半场，1 个 3m 宽的标志门

人员安排： 5v2；红队由 2 名中后卫、1 名左边卫、1 名右边卫和 1 名后腰组成；蓝队由 2 名前锋组成

球员目的： 红队通过连续传 10 脚球或者由中后卫带球过蓝队 2 名前锋连接线得分；蓝队抢下球权使球过标志门得分

训练要点： ①观察队友；②传球速度；③引导球员传球；④髋关节展开；⑤第一脚触球空间；⑥阅读比赛

从控制到防守 2

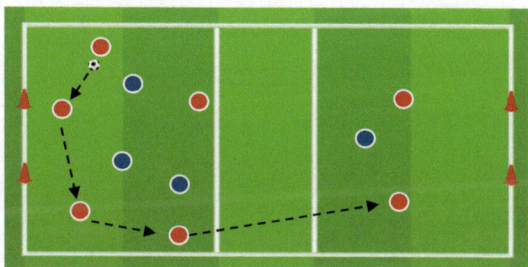

扫码观看视频

训练类别： 情景再现式训练

场地设置： 36m×18m 的场地分为 3 个区域，其中中间区域宽为 8m；2 个宽 4m 的标志门

人员安排： 红队由 7 名球员组成，蓝队由 4 名球员组成。训练局势随球的传递从 5v3 变为 2v1。5 名红队球员在其中一块场地内相互传球，如果他们将球过渡到另外一侧的场地，原场地 3 名红队球员和 2 名蓝队球员移动到该场地

球员目的： 红队连续传 10 脚球后将球成功过渡到另一场地得分；如果蓝队球员夺下球权，他们使球过任意一个标志门得分

比赛规则： 在中间场地不能传球与带球；蓝队破坏球出界则由红队在出界处发球

变化与进阶： 双方球队增加人数，从 7v4 到 2v1；场地调整为 48m×20m 的场地，其中中间区域宽 8m；2 个 6m 宽的标志门

训练要点： ①传球技术；②阵形的宽度和深度；③支援跑动

从控制到防守3

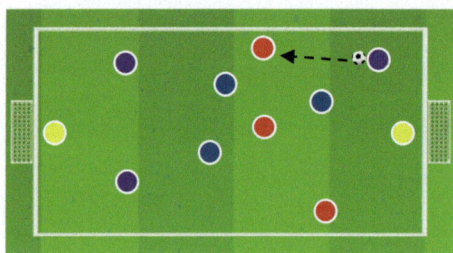

扫码观看视频

训练类别：情景再现式训练

场地设置：7人制场地

人员安排：3v3+3+2名守门员；开始时，蓝队的3名球员作为防守球员位于中间；由其他的任一球员传球开始比赛

球员目的：蓝队球员抢下球权后可以进攻任意一个球门；其他两队与2名守门员成功连续传8脚球得1分

比赛规则：如果蓝队得分，丧失球权的球队与蓝队交换角色；如控球球队使球出界，则与蓝队交换；如蓝队使球出界，由控球球队发球

训练要点：①控球时利用球场的宽度和深度；②充分利用空间；③阅读比赛，提前思考

从控制到防守4

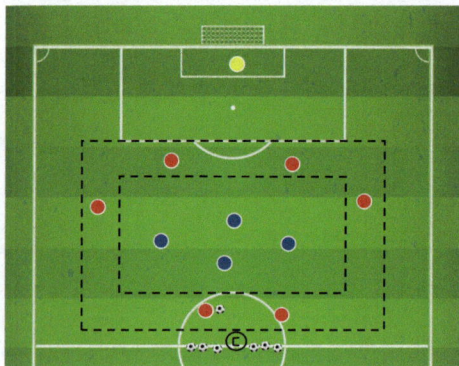

扫码观看视频

训练类别： 情景再现式训练

场地设置： 11 人制半场，大禁区至中场线画出 2 个如图所示的虚线区域

人员安排： 红队 2 名中卫、2 名边路球员、2 名中场球员和 1 名守门员，蓝队 4 名球员；由红队发球开始训练；红队除守门员外 6 名球员在丢球前只能在两条虚线之间的场地内活动

球员目的： 蓝队得球后如朝向中场线则将球传给教练后由教练回传后进攻大球门，如朝向其他方向则直接进攻大球门；红队完成指定传球次数得分

比赛规则： 红队可以利用守门员传接球；球出虚线区域或蓝队得球权并完成进攻后，重新开始比赛

变化与进阶： 红队 1 名中场球员可移动至中间区域；增加 1 名红队后腰和 1 名蓝队球员

训练要点： ①丢球后的立即施压以及大禁区边缘的防守；②边后卫拉开空间以方便传球；③从后场展开时，中后卫拉开接球时身体展开，合理的接球姿势使其能观察到所有球员下一步行动的传球角度，并使自己下一步动作意图不明显；④由守转攻和由攻转守的阵形变化速度；⑤耐心，不要着急向前，充分利用每一个球员；⑥在后场传接球时，需要在限定触球次数的条件下快速传递

7.3.3　攻守转换

攻守转换 1

训练类别： 情景再现式训练

场地设置： 5 人制场地，场地按中场线分为 2 个区域

人员安排： 4v5；蓝队 2 名后卫和红队 3 名前锋位于蓝队后半场，蓝队 1 名前锋和红队 1 名后卫位于红队后半场；球员不能离开自己所在的半场

球员目的： 红队完成 4 脚传球后射蓝队球门；蓝队后卫抢断后传球给前锋，此时蓝队 1 名后卫可以插上形成 2v1

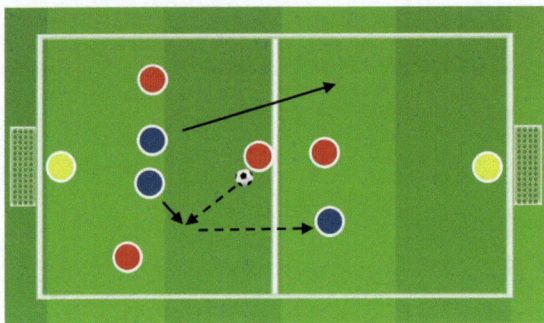

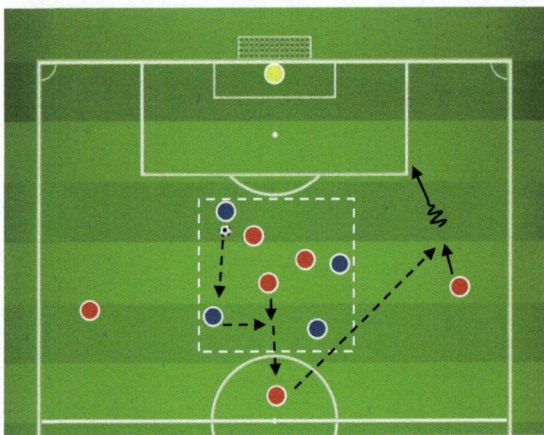

扫码观看视频

比赛规则： 红队球员可以传给本方后卫，红队后卫有 2 次触球限制；球出界或进球后重新开始比赛

变化与进阶： 红队 1 名前场球员可以回防形成 2v2

训练要点： ①后卫的接应；②反击前进攻球员隐藏进攻意图；③插上时的移动路线；④留守后场的球员在反击时的位置

攻守转换 2

扫码观看视频

训练类别： 情景再现式训练

场地设置： 11 人制半场，大禁区弧顶到中圈线处画出如图所示的虚线区域

人员安排： 由虚线区域 3 抢 4 开始比赛；两条边路和中圈内各设置 1

名红队球员

球员目的： 蓝队连续传 10 脚球得 1 分；圈内的红队球员尝试获得球权，一旦红队球员获得球权，将球传给圈外的红队球员后进攻大球门，此时蓝队和红队进入正常比赛状态，形成 6v4

比赛规则： 蓝队有 2~3 次触球限制；球出界或进球后重新开始比赛

变化与进阶： ①增大虚线区域，区域末端增加两个小球门，蓝队进攻小球门；②虚线区域可移动至两翼

训练要点： ①抢断及抢断后的第一反应；②由守转攻及由攻转守时的移动

攻守转换 3

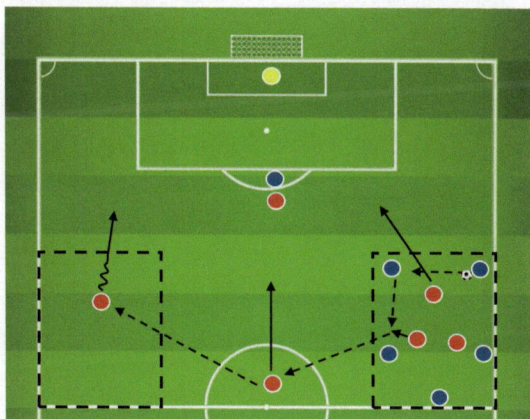

扫码观看视频

训练类别： 情景再现式训练

场地设置： 1/2 的 11 人制场地内有 2 个矩形区域

人员安排： 开始时 5 名蓝队球员和 3 名红队球员在一侧区域抢圈，中圈内和另一侧区域各有 1 名红队球员，大禁区前沿有 1 名红队球员和 1 名蓝队球员

球员目的： 圈内的红队球员抢到球后传给中场球员，再由中场球员过渡给另一侧的边路球员，然后由边路球员发动进攻；中场球员传球的同时，原抢圈区域的 2 名进攻球员和 2 名防守球员参与比赛

比赛规则：球出界或者进球后，两队互换角色并在另一侧区域重新开始比赛

变化与进阶：教练根据球队战术要求，通过调整原大禁区前沿的两队球员人数、原中场球员是否参与进攻等来调整训练效果

训练要点：①抢断后的身体朝向；②转移速度；③边路球员带球进攻时大禁区内两队球员的移动

7.4　教练发球型

教练发球型战术训练是指球出界或者进球时，由教练发球来实现战术目的的战术训练，是由定位发球型演变而来的、必须要教练参与其中的训练。教练发球型分为角色扮演型和情景制造型。

角色扮演型中，教练要扮演球队里的角色，以便随时讲解与所扮演角色的位置相关的球员的站位、接应和配合，也便于球员直观地了解球队中防守和进攻上的漏洞和不当之处。

情景制造型中，教练通过发球来频繁地制造想要的、比赛中有而其他训练中难以出现的情景，使球员能够熟练地将这些情景转化为熟悉的、更有利的情景。譬如将球员经常容易失误的情景、混乱的情景转化为控球、防守或者进攻情景，将防守情景转换为进攻情景等。

7.4.1　角色扮演型

角色扮演型 1

训练类别：情景再现式训练

场地设置：1/2 的场地（根据球员人数选择不同类型球场），1 个大球门和 2 个 4m 宽的标志门

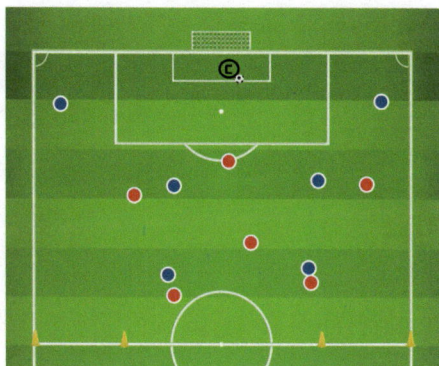

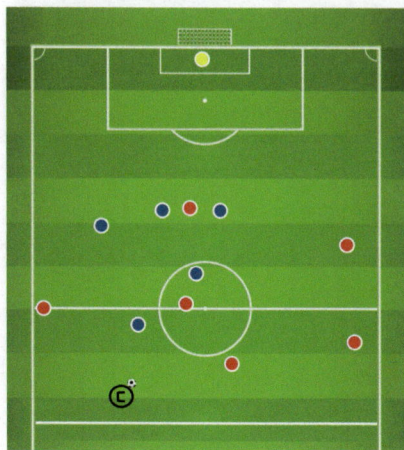

扫码观看视频

人员安排： 4v4 或者 6v6 或者 9v9+1 名教练，教练为蓝队守门员

球员目的： 蓝队进攻标志门；红队进攻大球门

比赛规则： 如果球出界或者进球，由教练发球

训练要点： ①守门员发球时边路球员的站位和接应；②边后卫与中场球员的衔接

角色扮演型 2

扫码观看视频

训练类别： 情景再现式训练

场地设置： 2/3 的 7 人制球场

人员安排： 蓝队 3 名后卫、2 名中场球员和 1 名守门员；红队 2 名前锋和 4 名中场球员

球员目的： 蓝队将球传给教练得分；红队射进大球门得分

比赛规则： 可以让 1 个后卫支援中场球员；如果球出界或者进球，由教练发球给红队球员

训练要点： ①红队边前卫持球时蓝队边后卫压上；②交叉转移；③压缩空间；④守门员根据情况向前移动；⑤快速传球给教练

7.4.2　情景制造型

情景制造型 1

扫码观看视频

训练类别： 情景再现式训练

场地设置： 7 人制半场，1 个大球门，2 个小球门

人员安排： 蓝队 3 名后卫、3 名中场球员；红队 1 名中场球员、1 名前锋；教练朝守门员方向传一个过顶长传球；球员开始时位于高位；边路球员跑向侧翼，中路球员先拉开后拖后

球员目的： 蓝队进攻 2 个小球门；红队抢下球权后进攻大球门

比赛规则： 球出界或者进攻完成后，由教练发球继续比赛

变化与进阶： ①蓝队得球后在进攻 2 个小球门前必须连续传 5 脚球；

②增加 2 名红队球员以施加更多的压力；③向守门员方向传各种不同形式的球

训练要点： ①积极的第一脚触球；②引导队员的下一次传球；③支援角度；④随阵形移动；⑤交流；⑥接球时打开身体；⑦观察全场；⑧守门员的发球

情景制造型 2

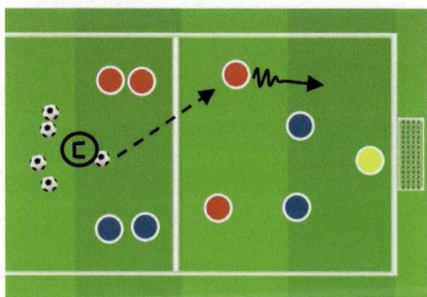

扫码观看视频

训练类别： 情景再现式训练

场地设置： 5 人制半场

人员安排： 2v2+1 名守门员，教练在一个半场内供球，替补球员与教练在同一半场

球员目的： 双方进攻同一球门

比赛规则： 球出界或者进攻完成后，教练发球给处于合理位置、拥有合理站姿的球员

训练要点： ①选择合理位置（既便于防守，又便于接球）；②提前观察；③第一脚触球；④转身接球；⑤快速射门

情景制造型 3

训练类别： 情景再现式训练

场地设置： 2/3 的 11 人制场地（并重新划分半场）

人员安排： 7v7 或者 11v11；教练持球在场地内

球员目的： 开始时球队以正常比赛的形式开始训练；教练寻找合适的机

会传球后，接教练传球的球队在接球后 5 脚传球内进球才算得分

扫码观看视频

比赛规则：有界外球和角球，有越位规则；当进攻球队 2/3 的球员处于对方半场时，教练寻找机会将球传给防守球队，防守球队得球后反击，同时原持球球员将原比赛用球踢出场地后加入比赛

训练要点：①反击速度；②防线间的距离；③延缓

训练规则分析——发球形式

多人对抗中，在开始比赛和球出界时，球员发球的位置、形式会在很大程度上影响训练效果。其中，常规的发球形式有以下三种。

带球发球。带球发球一般出现在 1v1 能力提升训练或者拥有特殊规则的比赛式训练中，它使球员在没有完全掌握传接球的能力条件下或者不能进行传球的 1v1 训练中养成思考、计划、决策和隐藏意图的习惯。

传球发球。传球发球由于贴近比赛，出现在各种形式、各个层次的训练当中。传球发球的小型比赛式训练需要球员掌握通过传接球将死球情景转化为常规比赛情景。另外，大球门、小场地的界外球传球

发球规则模拟了比赛中的间接任意球，使间接任意球的情景得以反复出现。

教练发球。在幼儿足球中，以教练发球开始的情景不仅能够大大增强训练或者比赛的流畅性，使比赛按照正常比赛的强度进行，还能使球员了解球场有边界、有范围。在中等水平的青少年足球训练中，以教练发球开始的情景便于教练讲解球员站位、身体姿势、跑动等比赛规则。而在高水平的青少年足球训练中，教练发球可以模拟常规训练中不经常出现的各种比赛情景。

在其他条件相同的情况下，不同的发球形式拥有不同的难度，需要不同的处理方式，以针对不同的水平等级和技术应用。除了以上常见的三种发球形式外，还有手抛界外球发球、守门员手抛发球等发球形式，在结合有对抗的训练后，它们同样因为各自的特点可以构建不同的情景，能使球员的特定能力得到提升。

作者简介

张挺

　　毕业于青岛科技大学，拥有足球 E 级教练员认证，具有多年青少年足球教学经验；现任岳阳市郡华学校小学部兼初中部足球校队主教练；曾在浙江鸵鸟足球俱乐部、福州市首邑猎人足球俱乐部、福建省爱动巅峰足球俱乐部和江苏飞立本菲卡足球俱乐部等多家俱乐部，同来自乌拉圭、葡萄牙、比利时等国的教练或者教练团队进行了跟随训练或观察学习；主要研究方向：足球训练中各种规则带来的训练变化。

张拔

　　毕业于四川音乐学院成都美术学院雕塑系，曾获得优秀毕业生称号，有着 20 年绘画经验。